Martin Kohn

Tatort Schule

Was tun bei Mobbing, Erpressung,
Körperverletzung, Beleidigung
oder sexuellen Angriffen?

So kann Ihr Kind mit Gefahr und Gewalt
in der Schule umgehen

Bibliografische Information der Deutschen Nationalbibliothek
Die Deutsche Nationalbibliothek verzeichnet diese Publikation in der Deutschen National-
bibliografie; detaillierte bibliografische Daten sind im Internet über http://dnb.ddb.de abrufbar.

ISBN 978-3-86910-622-9 (Print)
ISBN 978-3-86910-742-4 (PDF)
ISBN 978-3-86910-741-7 (EPUB)

Der Autor: Martin Kohn ist Mitglied der Schulleitung eines Gymnasiums und entwickelte verschiedene Methoden zum Umgang mit gewaltbereiten Jugendlichen und ihren Eltern sowie zur
Stärkung potenzieller Opfer von Gewalt. Er ist Internet- und Medien-Coach und Experte für Er-
ziehungsfragen für das Nachrichtenmagazin „Focus" und die Zeitschrift „LISA Schule & Familie".
Als freier Redakteur schreibt er für die Zeitschrift „Schule & Co.".

Originalausgabe

© 2012 humboldt
Eine Marke der Schlüterschen Verlagsgesellschaft mbH & Co. KG,
Hans-Böckler-Allee 7, 30173 Hannover
www.schluetersche.de
www.humboldt.de

Lektorat: Angelika Lenz, Steinheim a. d. Murr
Covergestaltung: DSP Zeitgeist GmbH, Ettlingen
Innengestaltung: akuSatz Andrea Kunkel, Stuttgart
Titelfoto: Inmagine/Designpics; Shutterstock/Maridav
Satz: PER Medien+Marketing GmbH, Braunschweig
Druck: Grafisches Centrum Cuno GmbH & Co. KG, Calbe

Hergestellt in Deutschland.
Gedruckt auf Papier aus nachhaltiger Forstwirtschaft.

Inhalt

Vorwort

Zwanzig gegen einen,
bis das Blut zum Vorschein kommt.
Ob mit Stöcken oder Steinen,
irgendwann platzt jeder Kopf.
Das nächste Opfer ist schon dran,
wenn ihr den lieben Gott noch fragt:
„Warum hast Du nichts getan,
nichts getan?"

Die Toten Hosen: „Hier kommt Alex"
(aus dem Album „Ein kleines bisschen Horrorschau", 1988)

Ein 15-jähriger Schüler schlägt seinem Mitschüler in einer Berliner Hauptschule mit einem Kartenständer den Kopf blutig.
Zwei Mädchen drohen einer Thüringischen Gesamtschule einen Amoklauf an.
Ein Schüler aus Bayern wird ins Krankenhaus eingeliefert, weil er von drei Klassenkameraden auf dem Schulhof zusammengeschlagen worden ist.
Drei Schlagzeilen, drei Bundesländer. Ein Thema.
Aggressivität und Respektlosigkeit machen sich zunehmend an deutschen Schulen breit. Die Gewaltbereitschaft gegen Personen und Sachen nimmt zu: Schüler werfen mit Gegenständen nach den Lehrern, treten Türen ein, zünden Knallkörper und spielen Fußball mit Papierkörben. Allein in Berlin hat sich die Zahl der gemeldeten Gewaltvorfälle in den vergangenen fünf Jahren mehr als vervierfacht. Eine besonders negative Profilierung schafft besondere Anerkennung in der Peergroup, der Gruppe der Gleichaltrigen. Und negative Schlagzeilen über die eigene Schule spornen weiter an.
Die Gesellschaft schreckt immer dann auf, wenn es zu einem besonders heftigen Vorfall gekommen ist; gerade erst waren die Ereignisse

in Erfurt in den Hinterköpfen verschwunden, als das Entsetzen durch den schrecklichen Amoklauf in Winnenden neuen Auftrieb erhielt.

Und immer wieder stellt sich die Frage nach dem Warum.

„I don't like Mondays" gab die damals 16-jährige Brenda Ann Spencer als Begründung dafür an, dass sie am 29. Januar 1979, einem Montag, aus dem Fenster ihres Schlafzimmers in San Diego auf dem gegenüberliegenden Schulhof den Schulleiter und den Hausmeister erschoss sowie acht Schülerinnen und Schüler verletzte. Fassungslos von der Grundlosigkeit der Tat komponierte Bob Geldof aus ihren Worten den größten Hit der Boomtown Rats, der dieses Ereignis zum Thema machte.

Was können Sie tun, wenn Ihr Kind Opfer einer Gewalttat geworden ist? Wie können Sie im Vorfeld verhindern, dass Ihr Kind zum Opfer wird? Wie, dass es selbst zum Täter wird?

Das vorliegende Buch möchte Ihnen die Augen öffnen für die Realität an deutschen Bildungseinrichtungen. Es zeigt, dass die Situation in allen Bundesländern bedenklich ist, und zwar unabhängig vom Abschneiden bei internationalen Vergleichsstudien. Vor allem aber gibt Ihnen dieser Ratgeber Anregungen und Hilfestellungen, wie Sie als betroffene Eltern auf Gewalt an der Schule Ihres Kindes reagieren sollten und wie Sie Ihr Kind davor schützen können. Außerdem können Sie einiges dazu beitragen, dass Ihr Kind nicht „außer Rand und Band" gerät und selbst zum Urheber der Gewalt wird. „Tatort Schule" möchte Sie dabei unterstützen und gibt Ihnen neben grundlegenden Informationen zu Art und Ausmaß von Gewalt an deutschen Schulen sowie der Gefährdung Ihres Kindes auch eine Fülle von Tipps und Empfehlungen an die Hand, wie Sie als Eltern der Gewalt vorbeugen und was Sie konkret zur schulischen Situation Ihres Kindes beitragen können.

Zwar existieren weder Patentrezepte noch ist Erziehung ein Kinderspiel – trotzdem sind Sie als Mutter oder Vater den vielfältigen Ursachen von Gewalt keineswegs hilflos ausgeliefert! Insbesondere, wenn Sie einen guten Draht zu den Lehrerinnen und Lehrern pflegen, stehen die Chancen gut, Einstellungen und Verhaltensweisen Ihres Kindes positiv zu beeinflussen und Gewalt zu verringern.

Sie als Eltern haben es in der Hand, die Schulzeit Ihres Kindes zu einer Zeit ohne Ängste zu machen. „Tatort Schule" zeigt Ihnen, wie es geht.

Martin Kohn

Hinweis

Dass in diesem Buch häufig Maskulina verwendet werden, die auch die weibliche Form mit einschließen, ist der leichteren Lesbarkeit des Textes geschuldet und stellt keine Diskriminierung von Frauen dar.

Jugendgewalt.
Fakten und Hintergründe

15-jähriger Schüler ersticht vor den Augen seiner Klasse die Geschichtslehrerin.

18-Jähriger verletzt mit Axthieben und Brandsätzen neun Schüler.

17-Jähriger erschießt neun Schüler und drei Lehrer, tötet drei weitere Personen auf der Flucht und erschießt sich selbst.

In sämtlichen Medien (und nicht nur den einschlägigen) wird mit schöner Regelmäßigkeit über Jugendkriminalität und Gewalt an Schulen berichtet. Der Bundesverband der Unfallkassen spricht von mehr als 90 000 gemeldeten Raufunfällen im Jahr, das sind rund 250 verletzte Schüler pro Tag.

Dabei gilt es zu bedenken, dass mehr als 80 Prozent der Gewaltvorfälle von den Opfern nicht angezeigt werden – aus Angst vor den Tätern, aber auch aus Scham. Viele Opfer schämen sich der Tat und geben sich selbst die Schuld daran, dass sie zum Opfer geworden sind.

Fast zwei Drittel der Gewaltvorfälle zwischen Jugendlichen geschehen zwischen unterschiedlichen ethnischen Gruppen. Dies hängt durchaus auch davon ab, inwieweit in der Kultur der Heranwachsenden Männlichkeit mit Dominanz und gewaltförmiger Durchsetzungsfähigkeit verbunden ist.

Überraschend ist, dass Jugendliche, wie die Polizeiliche Kriminalstatistik (siehe rechts) zeigt, häufiger als Tatverdächtige registriert wer-

Körperverletzung in Deutschland

Gefährliche und schwere Körperverletzung auf Straßen, Wegen und Plätzen

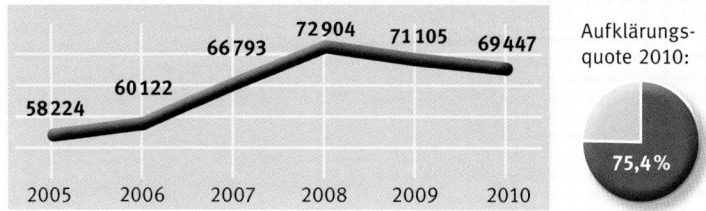

Aufklärungs-
quote 2010:

75,4 %

Erfasste Fälle der Polizeilichen Kriminalstatistik (Vergleich 2005 bis 2010)

Tatverdächtige 2010
Gesamtzahl Tatverdächtige:

2009	84 014

2010	81 581

Jeder zweite Tatverdächtige war ein Minderjähriger oder Heranwachsender. Eine gefährliche Körperverletzung liegt bereits dann vor, wenn mehrere Täter gemeinschaftlich handeln, auch ohne Einsatz von Waffen oder gefährlichen Werkzeugen. Gruppentaten sind bei Minderjährigen verbreiteter als bei älteren Personen.

davon (%):

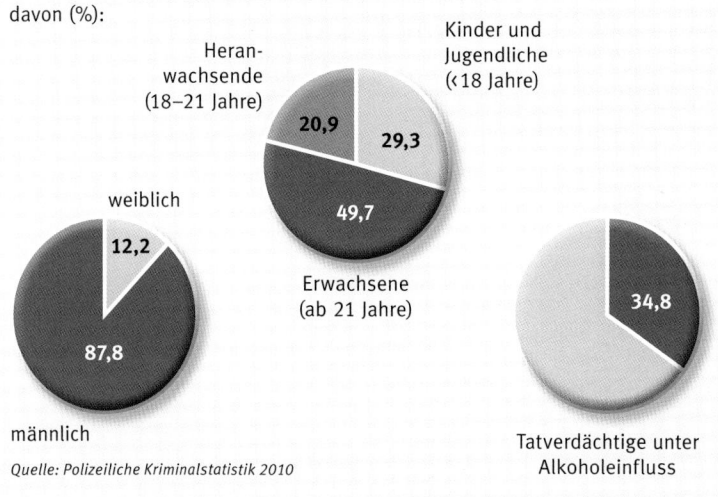

Heran-
wachsende
(18–21 Jahre)

Kinder und
Jugendliche
(‹ 18 Jahre)

20,9

29,3

weiblich

49,7

12,2

Erwachsene
(ab 21 Jahre)

34,8

87,8

männlich

Quelle: Polizeiliche Kriminalstatistik 2010

Tatverdächtige unter
Alkoholeinfluss

den als Erwachsene. Mit anderen Worten: Von Jugendlichen gehen wesentlich mehr gewalttätige Aktivitäten aus als von Erwachsenen! Umfragen an Schulen haben gezeigt, dass zwei von drei Schülern im Jahr mindestens eine strafbare Handlung begangen haben. Ein Siebtel der Jugendlichen hat einen anderen Menschen bereits körperlich verletzt. Mit mehr als 80 Prozent der auffällig gewordenen Jugendlichen stellen allerdings diejenigen die große Mehrheit, die einen Diebstahl oder Sachbeschädigung begangen haben. Bei mehr als der Hälfte aller Tatverdächtigen unter 14 Jahren war Ladendiebstahl Anlass der polizeilichen Registrierung.

Eine Umfrage unter 4 000 Bochumer Achtklässlern ergab, dass jeder fünfte Hauptschüler einen anderen Jugendlichen schon einmal so brutal verprügelt hat, dass dieser zum Arzt musste. An Gesamtschulen waren 14 Prozent und am Gymnasium immerhin noch 8 Prozent der Schüler an solchen Taten beteiligt.

Ist Gewalt an Schulen ein Phänomen der heutigen Zeit?

Gewalt an Schulen gibt es, seitdem es Schulen gibt, allein die Wahrnehmung und die Intensität von Gewalt haben sich verändert. Früher (das heißt bis in die 1990er-Jahre) bestand der Großteil der an Schulen ausgeübten Gewalt aus aggressivem und von der Norm abweichendem Verhalten. Heute muss der Gewaltbegriff auf Mobbing, Schlägereien, Amok, „Happy Slapping" und Cyberbullying erweitert werden. Hinzu kommt, dass Ereignisse wie ein Amoklauf ein gesteigertes Interesse überregionaler Medien finden. Lang und breit werden Täter- und Opfermuster analysiert, der Tathergang rekonstruiert und sämtliche Bekannte und Familienangehörige des Täters interviewt. Dies hat zur Folge, dass Täter zu Helden stilisiert werden (was immer wieder Trittbrettfahrer und Nachahmer auf den Plan ruft).

Durch das gesteigerte Medieninteresse werden Täter zu Helden stilisiert.

Warum tun die Schulen nichts dagegen?

Zwar hat Schule auch einen Erziehungsauftrag und prägt die Persönlichkeitsentwicklung der Kinder und Jugendlichen nicht zuletzt durch den Unterrichtsstil, das Verhältnis zu den Lehrern sowie durch die Leistungsbewertung mit; dennoch lassen sich Erziehungsdefizite aus dem Elternhaus durch Schule nicht vollständig beseitigen. Ein erster Ansatz gegen Gewalt an Schulen muss also in der häuslichen Erziehung gefunden werden. Hier sind Sie als verantwortungsbewusste Eltern gefragt. Im Kapitel „Vorbeugen ist besser als heilen" finden Sie im Abschnitt „Kinder stark machen gegen Gewalt" praktische Ratschläge und Tipps, wie Sie Ihr Kind zu einem starken, friedliebenden Menschen erziehen.

Von Beleidigung bis Amoklauf. Ein breites Spektrum

In Niedersachsen sollen sieben Hauptschüler zwischen 13 und 16 Jahren wiederholt Mitschüler geschlagen haben, um hinterher mit den per Handy aufgenommenen Gewaltbildern anzugeben.

Erinnern Sie sich an den Film „Die Feuerzangenbowle"? Da beschließt Heinz Rühmann als Johannes Pfeiffer – ein Jungschriftsteller, der sein Wissen bei einem Hauslehrer erwarb – aus einer Laune heraus, seine verlorenen Schuljahre nachzuholen. Heute wäre das eine schlechte Idee, wie der folgende Auszug aus „Drama des Alltags: Große Pause" zeigt. Pfeiffers Sitznachbarn Atze, Kevin und Mehmet lassen ihn nämlich die Realität an deutschen Schulen hautnah erleben … Sein harmloser Vorschlag, im Chemieunterricht so zu tun, als wären alle Schüler betrunken, findet bei ihnen keinen Anklang:

Kevin: „So tun, als ob wir besoffen sind? Was isn das fürn Scheiß-Spaß?"

Kevin holt eine Kiste Adelskrone und Discounter-Wodka unter dem Pult hervor, Atze greift sich eine Flasche Bier und zieht sie weg, Kevin kümmert sich um den Schnaps, Pfeiffer guckt etwas irritiert.

Mehmet: „Alter, der letzte Vertretungsdingslehrer, das war Spaß, ich schwöre. Durch das halbe Zimmer geprügelt, in den Spind gesperrt und aus dem Fenster geworfen. Aber vorher hat er Handy gefressen. DAS war Spaß."

Atze: „Der kam seitdem nicht wieder, oder?"

Kevin: „Nö. Also, um ehrlich zu sein, ich hab seitdem eigentlich gar keinen Lehrer mehr gesehen."

Mehmet streut zwei Linien auf den Tisch, schnupft sie weg, schaut sich auf dem Handy Gewaltvideos an.

Pfeiffer (vorsichtig): „Ääh, ... das ist jetzt vielleicht eine dumme Frage, aber das hier ist doch das Käthe-Kollwitz-Gymnasium?"

Behr, Stefan: „Drama des Alltags: Große Pause",
in: Frankfurter Rundschau vom 29. April 2006

Dass diese fiktive Situation an manchen Schulen real existierende Wirklichkeit ist, zeigte nicht zuletzt der Aufschrei des Kollegiums einer Berliner Hauptschule, der im März 2006 durch die Presse ging. In das Licht der Öffentlichkeit geriet die Rütli-Schule als „Terror-schule", weil die Lehrer unter der Federführung der kommissarischen Schulleiterin gemeinsam einen Brief an die Schulaufsicht verfassten, in dem sie auf die äußerst brenzlige Situation an ihrer Schule sowie ihre Macht- und Hilflosigkeit aufmerksam machten. In dem „Brand-brief" war von Aggressivität, Respektlosigkeit und Ignoranz den Er-wachsenen gegenüber und einer zunehmenden Gewaltbereitschaft gegen Sachen die Rede: „Türen werden eingetreten, Papierkörbe als Fußbälle missbraucht, Knallkörper gezündet und Bilderrahmen von den Wänden gerissen." Viele Schüler würden den Unterrichts-stoff ablehnen, Lehrkräfte und ihre Anweisungen ignorieren und sie gezielt mit Gegenständen bewerfen: „Einige Kollegen/innen gehen nur noch mit dem Handy in bestimmte Klassen, damit sie über Funk Hilfe holen können."

An der Rütli-Schule hat sich seither viel getan, dank verschiedener Projekte und modernerer Unterrichtsmethoden. Dennoch gibt es bundesweit genügend andere Schulen, an denen es genauso zugeht.

Welche Arten von Gewalt gibt es?

Für die einen ist eine Rangelei auf dem Schulhof bereits Gewalt oder Mobbing, für die anderen beginnt Gewalt erst bei einer schweren Auseinandersetzung, in der jemand verletzt oder Dinge beschädigt werden. Doch bereits das Grundgesetz regelt eindeutig und unmissverständlich, wo Gewalt anfängt: „Die Würde des Menschen ist unantastbar", steht dort geschrieben. Wenn ein Schüler also jemanden beschimpft, um seine Würde herabzusetzen, dann geht dies schon ins Persönliche; und Mobbing ist natürlich auch eine Form von Gewalt.

Unterschiedliche Arten von Gewalt

Art der Gewalt	Beispiel
Physische Gewalt	Körperlicher Angriff
Psychische Gewalt ■ verbal ■ nonverbal ■ indirekt	 ■ Beschimpfung, Beleidigung ■ Blick, Geste (z.B. Zeigen des Mittelfingers) ■ Person ignorieren, Gerüchte streuen
Geschlechterfeindliche Gewalt	Diskriminierung des anderen Geschlechts
Sexuelle Gewalt	Erzwingen eines intimen Körperkontakts
Fremdenfeindliche Gewalt	Gewalt gegen Personen aus anderen Kulturkreisen
Vandalismus	Zerstörung, Beschädigung oder Beschmieren von Dingen
Schwere Gewalt	Amoklauf

Eine eindeutige Abgrenzung und Definition des Begriffs „Gewalt" ist nicht möglich, weil seine Bedeutung vom jeweiligen Zusammenhang abhängt und demnach durchaus variiert. Was als gewalttätig gilt, hängt von den jeweiligen Auffassungen und Einstellungen der entsprechenden Gesellschaft und Kultur ab. Werden handgreifliche oder verbale Aktionen mancherorts toleriert, vor allem gegen Minderheiten innerhalb einer Kultur, sind sie in anderen Ländern längst verpönt und gesellschaftlich verachtet.

Als Gewalt an Schulen werden Handlungen angesehen, die Schüler gegen Schüler, Schüler gegen Sachen, Schüler gegen Lehrer, aber auch Lehrer bzw. die Institution Schule gegen Schüler und Lehrer begehen. Dies kann sowohl unmittelbar als auch indirekt, z. B. durch Bloßstellung im Internet, geschehen. Ein Teil der Vorfälle ereignet sich auf dem Schulweg, ein anderer auch inmitten des Unterrichts, etwa beim Schulsport.

In letzter Zeit spielen verstärkt auch Medien eine Rolle bei Schülergewalt, wie das Beispiel des sogenannten „Happy Slapping" (= fröhliches Schlagen) zeigt.

||| Happy Slapping

Das aus Großbritannien herübergeschwappte „Hobby" mancher Schülerinnen und Schüler repräsentiert einen Trend zu mehr Gewalt auf den Schulhöfen. Jugendliche zetteln hierbei eine Schlägerei an, filmen diese und stellen sie ins Netz, von wo sich andere Schüler diese Datei auf ihr Handy herunterladen. Auf diese Weise entsteht vielerorts auf den Schulhöfen ein regelrechter Tauschmarkt mit diesen realen Gewaltfilmen. Besonders erschreckend ist die Tatsache, dass einer von drei jugendlichen Handybesitzern bereits persönlich miterlebt hat, wie eine Schlägerei gefilmt wurde.

Während männliche Jugendliche eher dazu tendieren, mit ihrem Frust nach außen zu gehen, und diesen durch das Ausüben von Gewalt an anderen zu kompensieren versuchen, handeln Mädchen zuweilen eher autoaggressiv. Sie fügen sich selbst Verletzungen zu, konsumieren Alkohol und illegale Drogen oder missbrauchen Tabletten. Auch der Schönheitswahn in Form von Extremdiäten bis hin zu Essstörungen wie etwa Magersucht oder Bulimie zählt zu den autoaggressiven Formen von Gewalt, die hauptsächlich Mädchen betrifft.

Mädchen neigen eher zu autoaggressivem Verhalten, das heißt, sie tun sich selbst Gewalt an.

Physische Gewalt zwischen Jugendlichen, etwa eine Schlägerei auf dem Schulweg, entwickelt häufig eine Eigendynamik, die die Auseinandersetzung zur Eskalation bringt. Einer der Kontrahenten versucht, einen anderen Jugendlichen durch Unterstellungen oder Beleidigungen herauszufordern: „Was guckst du?" oder „Ey, der hat deine Freundin angemacht!" Nimmt der Betroffene die Provokation auf, anstatt sie zu ignorieren, kommt es zunächst zu wechselseitigen Steigerungen der verbalen Auseinandersetzung, bis diese schließlich nicht selten in körperlicher Gewalt endet. Wer dabei angefangen hat und über was es eigentlich genau ging, ist bei diesem Streit völlig nebensächlich. Vielmehr war kein echter Konflikt vorhanden, sondern dieser musste erst inszeniert werden.

Solche Auseinandersetzungen finden besonders dann statt, wenn weitere Freunde bzw. Angehörige der Peergroup anwesend sind, schließlich wollen die beiden Streithähne vor ihnen ja nicht als Feiglinge oder Schwächlinge dastehen. Eine solche zur Schau gestellte Härte fördert einerseits das Zugehörigkeitsgefühl zu einer Gruppe und zieht andererseits die Grenze zwischen Kind und Erwachsenem, zwischen Weiblichkeit und Männlichkeit.

Woher kommt die Gewalt?
Warum Kinder gewalttätig werden

Vor zwei Wochen wurde ein Lehrer im Werkraum einer Gewerbeschule in Hamburg-Wilhelmsburg hinterrücks niedergeschlagen. Die Täter hatten so lange auf ihr Opfer eingeprügelt, bis der 59-Jährige das Bewusstsein verlor.

Die Gewalttaten von Jugendlichen sind nicht zwangsläufig geplant und vorgesehen. Häufig reicht ein kleiner Tropfen, der das Fass zum Überlaufen bringt. So kann ein versehentliches Anrempeln in der U-Bahn-Station Auslöser für eine Schlägerei sein. Besonders schlimm ist es häufig dann, wenn die Clique dabei ist. Der Täter befürchtet in diesem Fall, dass er vor seinen Freunden als Feigling oder Versager dastehen könnte, wenn er nicht besonders aggressiv und hart zurückschlägt. Außerdem spielt natürlich auch Alkoholeinfluss eine Rolle, denn Alkohol senkt nicht nur die Hemmungen, auf andere Menschen einzuschlagen, sondern auch das Provokationslevel. Was mit nüchternem Kopf oder wenigstens einigermaßen klarem Sachverstand ignoriert oder allenfalls verbal gelöst worden wäre, kann sich bereits bei einem Blutalkohol von wenigen Promille zu einem dramatischen Konflikt zuspitzen.

Mädchen machen bis jetzt nur 5 bis 7 Prozent der gewaltbereiten Jugendlichen aus, aber sie holen auf. Bei dieser Zahl ist allerdings zu beachten, dass bei Delikten von Mädchen häufiger ein Auge zugedrückt wird und diese demnach weniger häufig zur Anzeige kommen als die von männlichen Tätern. Die Dunkelziffer weiblicher Gewalt dürfte entsprechend hoch sein.

Risikofaktoren

Die Gründe für aggressives Verhalten sind vielschichtig. So gibt es verschiedene biologische Risikofaktoren, die eine Ausprägung von aggressivem oder gewalttätigem Verhalten fördern können:

- genetische Faktoren (z. B. zwei männliche Geschlechtschromosomen XYY) und neurologische Schädigungen, verursacht etwa durch Alkoholmissbrauch der Mutter während Schwangerschaft, aber auch des Vaters
- hirnphysiologische Faktoren (z. B. Hirnschädigungen)
- geistige Defizite, wie das Aufmerksamkeitsdefizit- und Hyperaktivitätssyndrom ADHS

Hinzu kommen soziale Risikofaktoren wie:

- Umgang mit gewalttätigen Gleichaltrigen
- familiärer Unfrieden (häufig Streit, Gewalt zwischen Mutter und Vater)
- körperliche Misshandlung des Kindes durch die Eltern
- mangelnde Beaufsichtigung des Kindes
- Arbeitslosigkeit und Perspektivlosigkeit der Eltern
- Armut

Liegt in der Familie ein gestörtes Sozialverhalten vor, ist die Gefahr erhöht, dass das Kind ein gewaltbereites Verhalten entwickelt. Jedes zehnte Kind (!) ist von seinen Eltern bereits körperlich misshandelt oder sogar massiv körperlich gezüchtigt worden. Solche Erfahrungen haben Auswirkungen auf die eigene Gewaltbereitschaft. Diese Heranwachsenden haben Gewalt von ihren Rollenvorbildern, den Eltern, als ein effektives Mittel kennengelernt, eigene Forderungen oder Bedürfnisse vor anderen durchzusetzen.

Von der sozialen Stellung einer Familie in der Gesellschaft lässt sich ein Hang zur Gewaltbereitschaft aber nicht ableiten. So kommt es vor, dass Jugendliche auch aus vermeintlich gutem Hause zum Teil extrem gewalttätig in Erscheinung treten. Wie es hinter der Fassade in der Familie wirklich aussieht, vermögen Außenstehende oftmals nicht auszumachen. Nicht selten fühlen sich solche Jugendliche wie in einem goldenen Käfig, emotional isoliert. Kommt zu dieser Gefühlskälte im Elternhaus ein Auslöser wie etwa die Trennung vom Freund bzw. von der Freundin hinzu, wird plötzlich ein Ventil notwendig für die angestauten Aggressionen.

Neben den biologischen und sozialen gibt es natürlich auch noch die Risikofaktoren, die in der Persönlichkeit des Kindes begründet liegen. Diese werden im folgenden Abschnitt behandelt.

Drei Typen gewaltbereiter Jugendlicher

Aggressive Jugendliche bzw. jugendliche Gewalttäter lassen sich in drei Kategorien einordnen:

1. Solche, die Gewalt anwenden, wenn dies für ihr Ziel notwendig erscheint

Auf die Frage „Warum hast du zugeschlagen?" würden diese Jugendlichen antworten: „Er hat mir das Handy ja nicht gegeben ..." Sie besitzen folgende Eigenschaften:

- Sie sind sehr egozentrisch.
- Sie kennen soziale Regeln.
- Sie verfügen über ein strenges Gewissen, das aber jederzeit korrumpierbar ist. („Eigentlich sollte man ja nicht betrunken Auto fahren, aber ich muss ja schnell nach Hause!")
- Sie haben ein außengesteuertes, ihnen aufgezwungenes moralisches Urteil, mit dem sie sich eigentlich überhaupt nicht identifizieren.
- Sie empfinden keine Schuldgefühle. („Was würde dein Freund denn sagen, wenn du ihn beklaust?" – „Der weiß ja nicht, dass ich es war!")
- Sie entwickeln nur ein geringes Mitgefühl mit ihrem Opfer.

- Sie erscheinen oft oberflächlich angepasst.
- Sie können sich gewissenlos und unmoralisch verhalten.
- Sie brauchen ein Vorbild, das klar abgegrenzt ist, aber in seiner moralischen Urteilsfindung musterhaft. („So wie er würde ich gerne sein.")

Ein Beispiel:

Karim kann sich das neue Handy nicht leisten, weil er nicht genug Taschengeld bekommt. Er weiß aber, dass Jonas aus der Parallelklasse genau dieses Modell besitzt. Auf dem Nachhauseweg lauert er ihm auf und droht ihm Schläge an, wenn er das Gerät nicht herausgibt.

2. Solche, die sich selbst und anderen beweisen wollen, wie männlich sie sind

Sie zeichnen sich durch folgende Eigenschaften aus:

- Sie fühlen sich rasch gekränkt.
- Sie antworten mit starken Wutaffekten, die unmittelbar in Taten umschlagen.
- Sie können durchaus einfühlsam sein und entwickeln nach der Tat manchmal Schuldgefühle.
- Sie können moralisch differenziert urteilen.
- Sie lassen sich leicht provozieren.
- Sie können in Anwesenheit ihrer Freunde oder Clique extrem aggressiv sein.
- Aber sie können Unrecht einsehen.

Ein Beispiel:

Im Bus ruft Jürgen seinem Mitschüler Cedric zu: „Ey, deine Mutter stinkt!" Cedric zögert nicht lange und schlägt brutalst zu.

3. Solche, die sich selbst verachten

Diese Jugendlichen sagen über sich selbst: „Ich bin Dreck." Sie sinnen auf Rache für ein vermeintliches Unrecht, das heißt, sie suchen irgendjemanden, an dem sie ihre Wut auslassen und den sie für ihr eigenes Elend verantwortlich machen können. Ein Beispiel sind jene Rechtsradikale, die auf Juden hetzen, aber selbst gar nicht wissen, was Juden eigentlich sind. Jeder, der anders ist, kann als ein solches Ventil dienen, also beispielsweise Ausländer, Homosexuelle, Behinderte, Obdachlose. Diese Jugendlichen besitzen folgende Eigenschaften:

- Sie wirken permanent unzufrieden und unglücklich.
- Sie verbreiten schlechte Stimmung.
- Sie suchen ständig nach Gründen, sich zu ärgern.
- Sie sitzen auf einem „Pulverfass von Wut".
- Sie neigen dazu, Außenseiter zu drangsalieren, um ihre Selbstunsicherheit zu kompensieren.
- Sie fühlen sich nach der Tat erleichtert.
- Sie reagieren positiv, wenn ihnen eine Aufgabe übertragen wird, in der sie zeigen können, dass sie „was drauf" haben.

Ein Beispiel:

Edin macht sich mit einem Groll auf den Schulweg. Er weiß, dass heute noch etwas passieren wird. Und tatsächlich: Der Erste, der ihm irgendwie dumm kommt, „kriegt eins in die Fresse". Hinterher begründet Edin seine Tat so: „Der guckte mich an und ich wusste, der denkt über mich, dass ich Dreck bin. Und da habe ich ihm die Fresse poliert, ist doch logisch."

Eine Aggressions- bzw. Gewaltbereitschaft prägt sich bereits in jungen Jahren aus. Es ist kaum ein Fall bekannt, in dem aus einem bislang unter normalen Umständen herangewachsenen Kind plötzlich ein gewaltbereites wird.

Manche Jugendliche geraten in eine Gewaltspirale, aus der sie nur schwer ausbrechen können.

Gewaltbereite Heranwachsende zeigen oft bereits in der frühen Kindheit aufsässiges, trotziges oder unfolgsames Verhalten, das vor allem durch die Inkonsequenz von Eltern verstärkt wird, die bei Nichteinhalten von Regeln und Absprachen keine Maßnahmen verhängen. In der Schule folgen dann Defizite im Sozialverhalten, die wiederum zu Problemen mit den Lehrern sowie den anderen Kindern führen, die den Umgang mit ihnen (zum Teil aus Angst) ablehnen. Dies führt dann zu einem negativen Selbstbild: „Mich kann sowieso keiner leiden!" Die ersten Schritte in eine gewalttätige Karriere (der Fachmann spricht von Delinquenz) sind also getan. Für manche Jugendliche beginnt damit eine Gewaltspirale, aus der sie nur sehr schwer wieder ausbrechen können.

||| Die Spirale der Gewalt

Zu einer **Zukunftsangst** („Werde ich nach der Schule einen Job finden?") bzw. einer **Perspektivlosigkeit** („Das hat doch eh alles keinen Sinn. Ich mach halt auf Hartz IV") gesellen sich **Schulprobleme**: Gleichaltrige lehnen diese Jugendlichen ab, weil sie anders sind; Kinder, die kein Deutsch können, werden zwangsläufig zu Außenseitern. Aber wer will schon gern ein Außenseiter sein? Viele schwänzen dann lieber die Schule und begehen häufig Ladendiebstahl oder andere Delikte der **Kleinkriminalität**.

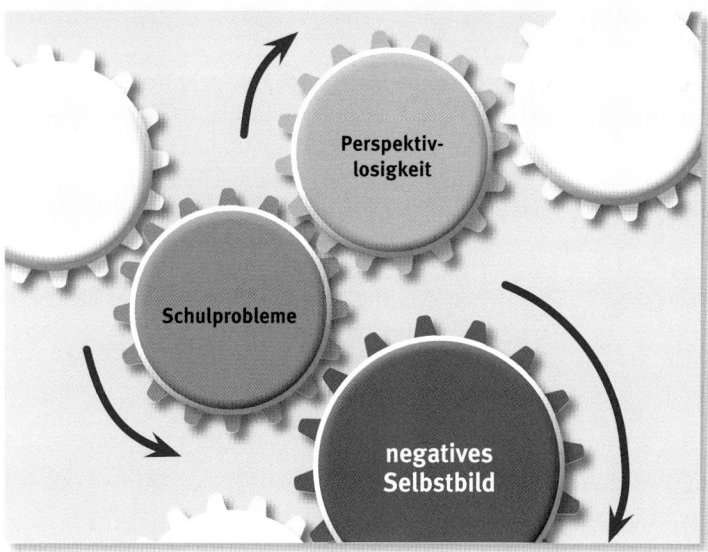

Im Laufe ihres Heranwachsens prägen die Betroffenen **keine besonderen Fähigkeiten** oder Qualifikationen aus, auf die sie stolz sein können, außer vielleicht, dass sie besonders gewaltbereit sind. Daraus resultieren ein **negatives Selbstbild** und eine **positive Einstellung zur Gewalt.** Sie schließen sich **gewaltbereiten Peergroups** an.

Eine geringe Frustrationstoleranz führt im Konfliktfall zu übereilten Reaktionen und eskalierenden aggressiven Verhaltensweisen. Aggressive Kinder haben Probleme, ihre Reaktionen zu kontrollieren, weil es ihnen häufig an Möglichkeiten von nicht-aggressiver Selbstbehauptung fehlt. Lediglich Aggressivität steigert bei ihnen das Selbstwertgefühl und gibt ihnen häufig die Anerkennung in ihrer Gruppe.

Sofern sie einen Job anstreben, haben sie häufig **Probleme in Arbeit und Beruf.** Ihre **sozialen Beziehungen** sind **problematisch** und wechselhaft; es fällt ihnen schwer, eine dauerhafte Beziehung einzugehen. Sie können keine Nähe zulassen und haben Schwierigkeiten, sich auf andere zu verlassen.

Treffen mehrere dieser Faktoren in der Karriere eines Jugendlichen aufeinander, wird es wirklich gefährlich, denn dann ist die Wahrscheinlichkeit hoch, ein gewaltbereites Verhalten auszuprägen.

Wie gefährdet ist mein Kind?
Anzeichen für Gewaltbereitschaft

Österreich. Vergangene Woche stach ein 15-jähriger Hauptschüler in Graz in der Steiermark einem Gleichaltrigen ein Messer in den Bauch. Das Opfer schwebte kurzzeitig in Lebensgefahr und musste notoperiert werden.

Anzeichen im Verhalten Häufig lässt das Verhalten eines Kindes auf eine erhöhte Gewaltbereitschaft schließen. So sind diese Heranwachsenden beispielsweise auffallend aggressiv oder haben unkontrollierbare Wutausbrüche. Sie sind meist in ihrer sozialen Entwicklung gestört, können sich nicht an Regeln halten und keine Kompromisse eingehen. Manche von ihnen zeigen Tendenzen zur Gewaltverherrlichung, z. B. auch durch eine Vorliebe für besonders gewalttätige Computerspiele. Sie können manchmal nicht mehr die Realität von der virtuellen Computerspielwelt unterscheiden und entwickeln auch in der realen Welt eine gewisse Freude an Gewalt. Jugendliche, die sich einer Gang anschließen, treten häufig besonders skrupellos auf oder besitzen Messer und Waffen. Manchmal kommen noch Alkohol oder illegale Drogen hinzu.

Nicht immer jedoch zeigt sich die Ausprägung einer Gewaltbereitschaft bei Kindern und Jugendlichen derart offen. Dennoch gibt es verdeckte Anzeichen, die darauf schließen lassen, dass ein Heranwachsender zur Gewalt tendiert. Hierzu zählen beispielsweise

- der Rückzug aus dem Freundeskreis
- die Vernachlässigung von Hobbys
- die Verschlechterung von schulischen Leistungen
- mangelnde Disziplin in der Schule und zu Hause

Diese Punkte können natürlich auch andere Ursachen haben; versuchen Sie diese in einem Gespräch mit dem Kind zu ergründen.

Charakteristische Eigenschaften Anhand der folgenden Charakteristika verschiedener Persönlichkeitsstörungen, die bei Gewalttätern vorliegen, können Sie abschätzen, ob Ihr Kind zur Gewalt neigt:

- impulsives, wenig verantwortliches Handeln
- Reizbarkeit, aggressives Verhalten
- Rücksichtslosigkeit sich selbst und anderen gegenüber
- wenig Mitgefühl
- geringes Schuldgefühl
- narzisstische Arroganz
- Täuschungsmanöver und Manipulationen, um eigene Vorteile zu erringen

- oberflächlicher Charme
- trickreicher, sprachgewandter Blender
- Gefühlskälte, Mangel an Empathie
- parasitärer Lebensstil
- Verantwortungslosigkeit

Ein einzelner zutreffender Aspekt stellt keine Bedrohung dar; treffen aber mehrere Faktoren zu, sollten Sie das Gespräch suchen und eventuell Hilfe bzw. Rat von außen hinzuziehen.

Aggressiven Kindern fehlt es häufig an sozialen und kommunikativen Kompetenzen, weswegen sie sich weniger an Spielen mit anderen Kindern beteiligen. Mangelt es ihnen an sprachlicher Kompetenz, greifen sie, um ihren Gefühlen Ausdruck zu verleihen, häufig zum Mittel der körperlichen Gewalt.

Aggressive Kinder und Jugendliche verfügen nur über ein geringes Einfühlungsvermögen, können sich also nicht oder nur sehr schwer in die Situation einer anderen Person hineinversetzen. Sie blicken häufig pessimistisch in die Zukunft.

Gewalt und Mobbing.
Alltag an unseren Schulen

Früher wurde gehänselt. Mobbing unter Schülern

Gast

„Seit Dezember versuche ich verzweifelt, einen neuen Schulplatz für meine Tochter zu finden! Ihre Mitschüler beschmieren nicht nur ihre Hefte, sondern verschweigen ihr auch wichtige Informationen (z. B. Hausaufgaben oder Klassenarbeitstermine), wenn sie einmal krank ist. Außerdem erfinden sie Gerüchte über sie und schreiben ihr fiese Mitteilungen. Jetzt leidet meine Tochter an Konzentrationsschwierigkeiten, Selbstzweifel, Magenschmerzen. Ich habe Angst, dass sie bald gar nicht mehr in die Schule gehen möchte."

Mobbing ist kein Trend der heutigen Jugend. Bereits 1963 verwendete der Verhaltensforscher Konrad Lorenz diesen Begriff, um damit Gruppenangriffe von Tieren auf einen Fressfeind oder anderen überlegenen Gegner – dort von Gänsen auf einen Fuchs – zu beschreiben. Sechs Jahre später verwendete der schwedische Arzt Peter-Paul Heinemann den Begriff für das Phänomen, dass Gruppen eine Person attackieren, deren Verhalten von der Norm abweicht. Heute bezeichnet Mobbing die wiederholte bis regelmäßige Schikane eines anderen Menschen, beispielsweise in Form von Kontaktverweigerung oder durch Verletzung seiner Würde, sei es durch eine Person oder eine Gruppe mehrerer Personen. Oder allgemeiner formuliert: Mobbing beschreibt einen Zustand, in dem ein oder mehrere Individuen wiederholt und über einen längeren Zeitraum hinweg negativen Handlungen von einem oder mehreren Individuen ausgesetzt sind.

Wie äußert sich Mobbing?

Direktes Mobbing Mobbing an der Schule geschieht vorwiegend verbal (z. B. in Form von Beschimpfungen oder Beleidigungen) und nonverbal (indem z. B. Informationen vorenthalten werden). Auch gewalttätige Auseinandersetzungen zählen zum Mobbing, vorausgesetzt, es herrscht ein ungleiches Kräfteverhältnis zwischen den Kontrahenten und die Prügelei hat keine anderen Ursachen.

Indirektes Mobbing Neben diesen direkten Formen ist auch das indirekte Mobbing (z. B. soziale Isolierung eines Mitschülers) an den meisten Schulen an der Tagesordnung. Im Internetzeitalter kommt erschwerend eine weitere, virtuelle Dimension des Mobbings hinzu, die gemeinhin als Cybermobbing oder Cyberbullying bezeichnet wird (siehe Kapitel „Aggression 2.0").

Stufen Häufig verläuft Mobbing in mehreren Stufen, die allerdings nicht zwangsläufig alle durchlaufen werden müssen:

1. Das Ansehen des Opfers wird gezielt beschädigt.
2. Die Kommunikation mit anderen Kindern wird unterbunden.
3. Die sozialen Beziehungen des Opfers werden beschädigt.
4. Das Opfer wird körperlich angegangen.

Formen Hierzu zählen folgende aktive Handlungen:

- körperliche Gewalt (z. B. Schlagen auf dem Pausenhof)
- Erpressung von „Schutzgeldern"
- Diebstahl oder Beschädigung von Gegenständen („Abziehen" von Jacken oder Handys)
- Zerstören des im Unterricht Erarbeiteten
- Zerstören oder Wegnahme von Hausaufgaben
- sexuelle Belästigungen

sowie folgende passive Handlungen, die manchmal grausamer sein können als die aktiven Taten:

- Ausgrenzen von Schülern aus der Klassengemeinschaft
- Zurückhalten wichtiger Informationen
- Auslachen

- verletzende Bemerkungen
- ungerechtfertigte Anschuldigungen
- Erfinden und Streuen von Gerüchten über den Betroffenen
- Verpetzen
- Ignorieren des Opfers

Auf diese Weise suchen die Täter ein Ventil für angestaute Aggressionen, wenn sie keine andere Möglichkeit sehen, damit umzugehen. Andere lassen ihre eigenen Minderwertigkeitsgefühle an anderen aus und holen sich durch das Mobben einer Schülerin oder eines Schülers Anerkennung von ihren Mitschülern, die sie vielleicht auf anderem Wege bislang nicht erhalten haben – weder zu Hause noch in der Freizeit, noch in der Schule. Durch eine solche Anerkennung entwickeln sie ein falsches Gemeinschaftsgefühl, das auf dem Prinzip des „Alle gegen einen" fußt.

Mein Kind ist kein Mobber – oder etwa doch?

Die Wahrscheinlichkeit, dass ein Kind zum Mobbingtäter wird, ist erhöht, wenn es zunächst einmal eine positive Einstellung zur Gewalt hat und nicht nur gegen seine Mitschüler, sondern auch gegen die Lehrer und seine Eltern aggressiv ist. Kinder, die andere Kinder mobben, zeigen ein verhältnismäßig starkes Selbstvertrauen, das manchmal aber auch nur aufgesetzt ist. In der Regel sind sie weniger furchtsam und unsicher als andere Kinder in ihrer Altersgruppe. Mobber halten sich für etwas Besseres, zeigen dies lautstark und wollen sich vor den anderen Kindern brüsten. Mobbingtäter finden sich unter Jungen wie Mädchen. Allerdings neigen Jungen eher zu offener Aggression und greifen ihr Gegenüber körperlich oder verbal an, während Mädchen subtilere Formen wie Manipulation oder das Streuen von Gerüchten vorziehen.

> **Mobbingtäter zeigen ein starkes Selbstvertrauen und halten sich für etwas Besseres.**

Aktive, wiederholte Mobber haben ein viermal so großes Risiko, später einmal straffällig zu werden, weil die so erworbenen Strategien des Durchsetzens eigener Ziele mit aggressiven Mitteln kontinuierlich verstärkt werden. Um dies zu verhindern, müssen Sie Ihrem Kind, falls es sich so verhält, eindeutige Regeln und konsequent ausgeführte Sanktionen entgegensetzen.

Was sind die Folgen von Mobbing?

Ein 14-jähriger Realschüler verletzt einen Gleichaltrigen in Saarbrücken mit einem Messer. Dieses hatte er seit Wochen mit in die Schule gebracht. Zu seiner Verteidigung, wie er sagt. Wie sich später herausstellt, wurde er über Monate hinweg von Mitschülern gehänselt und geärgert.

Die Folgen für die Opfer sind zum Teil verheerend und zeigen sich manchmal erst Jahre nach den Drangsalierungen, beispielsweise durch Gewaltausbrüche. Zu dem durch das Mobbing ausgelösten Verlust des Selbstvertrauens und den sich verschlechternden Leistungen können Schlafstörungen, Konzentrationsprobleme und psychosomatische Beschwerden wie etwa Magenschmerzen, Appetitlosigkeit und Schlafstörungen kommen. Durch die wahrgenommene Isolierung und Einsamkeit entwickeln sich depressive Tendenzen und die Kinder werden passiv. Die Lernmotivation nimmt ab, was bis zu Lernunlust und Schulangst führen kann. Es gibt sogar Mobbingopfer, die keinen anderen Ausweg aus ihrer Lage finden als den Freitod. Man geht davon aus, dass jeder fünfte Selbstmord durch Mobbing ausgelöst wird.

> **Man geht davon aus, dass jeder fünfte Selbstmord durch Mobbing ausgelöst wird.**

Symptome Bereits während des Mobbings können folgende Symptome auftreten, die auch noch im Erwachsenenalter anhalten können:

- Gedächtnisstörungen
- Konzentrationsschwierigkeiten
- Apathie
- Gereiztheit
- Aggressionen
- Unsicherheit
- Albträume
- Magenschmerzen
- Durchfall
- Übelkeit
- Appetitlosigkeit
- Einsamkeit
- Kontaktarmut
- Schweißausbrüche
- trockener Mund
- Herzklopfen
- Atemnot mit Asthma
- Schlafstörungen

Wann wird ein Kind zum Mobbingopfer?

Prinzipiell kann es zwar jede und jeden treffen, Untersuchungen haben jedoch gezeigt, dass es typische Merkmale gibt, die es wahrscheinlicher machen, dass ein Kind Opfer von Mobbing an der Schule (oder auch im Verein) wird. Generell beeinträchtigt das Schulklima insgesamt die Frage, ob und in welchem Maße an der Schule gemobbt wird. Stimmt das Sozialklima in der Klasse, ist die Wahrscheinlichkeit groß, dass Mobbing verhindert wird. Je offener eine Klasse, das heißt Schüler und Lehrer, mit dem Thema umgehen, desto schlechter ist das Klima für Mobbing. Bildungsforscher sehen ferner die Konkurrenzsituation, die im Unterricht vielfach schon an der Grundschule durch Leistungsnachweise und Vergleiche künstlich erzeugt wird, als eine Ursache für Mobbing an.

Häufig sind Konflikte zwischen den Schülern Ausgangspunkt des Mobbings, die wiederum unterschiedliche Auslöser haben können, wie beispielsweise Über- oder Unterforderung im Unterricht oder ein gestörtes Klassenklima. Auch die Beziehung zwischen Lehrern und Schülern kann das Mobbingrisiko in einer Klasse beeinflussen.

Auftreten Die Täter haben vor allem bei den sogenannten passiven Opfern, die sich durch eine ängstliche und unsichere Art auszeichnen, ein leichtes Spiel. Sie sind empfindlich, vorsichtig und schweigsam und lehnen sehr oft Gewalttätigkeit ab. Durch ihr Auftreten signalisieren sie ihrer Umwelt, dass sie Angst **Ängstliche, unsichere** haben und es nicht wagen, sich zu wehren, **Kinder werden oft zu** wenn sie angegriffen werden. Auch auffälliges **Opfern auserkoren.** oder andersartiges Aussehen, Ungeschicktheit und eine ausgestrahlte Hilflosigkeit zählen zu den Risikofaktoren. Manchmal trifft es auch Schülerinnen und Schüler, die besonders gutgläubig und vertrauensvoll auf ihre Mitschüler zugehen.

Äußere Erscheinung Mobbingopfer sind in der äußeren Erscheinung und Statur häufig

- kleiner
- schwächer
- übergewichtig
- ängstlich
- schüchtern
- ärmlich und „uncool" wirkend (tragen z. B. keine Markenkleidung, die ihnen soziale Akzeptanz verschaffen könnte)

Dieser letzte Aspekt wird für die Heranwachsenden immer wichtiger. Die Kleidung und die angesagten Accessoires (z. B. Rucksäcke, ein schicker Füller …) zeigen die Zugehörigkeit zu einer Gruppe, sie vermitteln den Eindruck von Gleichrangigkeit und schaffen auf diese Weise Solidarität und geben dem Einzelnen das Gefühl von Stärke. Wer nicht spätestens ab der 5. Klasse den richtigen Markennamen auf seinem Sweatshirt trägt, läuft Gefahr, nicht dazuzugehören und somit ausgegrenzt und zum Außenseiter zu werden.

Ein geschlechtsspezifischer Unterschied lässt sich nicht feststellen: Mädchen und Jungen werden gleichermaßen gemobbt.

Woran erkenne ich, dass mein Kind ein Mobbingopfer ist?

Seien Sie wachsam, wenn Sie eine Verhaltensänderung bei Ihrem Kind feststellen. Diese muss zwar nicht zwangsläufig etwas damit zu tun haben, dass es gemobbt wird, doch insbesondere wenn Ihr Kind die oben dargestellten Charakteristika typischer Mobbingopfer aufweist, sollten Sie das vertrauensvolle Gespräch mit ihm suchen.

Sprechen Sie Ihr Kind oder seinen Klassenlehrer ebenfalls an, wenn Sie feststellen, dass Ihre Tochter oder Ihr Sohn

- nicht mehr zur Schule gehen will
- zur Schule gefahren werden möchte
- in den schulischen Leistungen nachlässt
- Geld verliert (dies könnte ein Zeichen dafür sein, dass dieses Geld von dem oder den Tätern erpresst wurde)
- keine schlüssige Erklärung für ihr/sein verändertes Verhalten geben kann oder will
- sich zurückzieht
- unter Schlafstörungen leidet

Sollten Sie eine oder mehrere dieser oder ähnlicher Verhaltensweisen bei Ihrem Kind bemerken, finden Sie in einem gemeinsamen Gespräch heraus, woran diese Verhaltensänderung liegen könnte. Bestätigt sich Ihr Verdacht, dass Ihr Kind gemobbt werden könnte, fragen Sie auch Klassenkameraden und befreundete Eltern nach deren Eindruck.

Los, zier dich nicht so!
Sexuelle Gewalt auf dem Schulklo

Schweizer Schüler drehen Porno auf der Schultoilette
In Egerkingen filmte ein Schüler mit dem Handy, wie zwei andere miteinander Oralsex hatten, und zeigte das Filmchen anschließend auf dem Pausenhof herum.

8-Jährige auf Schulklo vergewaltigt!
An der Bochumer „Glückauf"-Grundschule drängte ein Maskierter die Zweitklässlerin in eine Kabine und vergewaltigte sie. Danach flüchtete er unerkannt.

Schlagzeilen wie diese finden sich jede Woche in den Zeitungen. Sie sorgen dafür, dass vor allem Mädchen sich an der eigenen Schule – bislang ein Schutzraum für Heranwachsende – nicht mehr trauen, auf die Toilette zu gehen. Und schon gar nicht allein. Manchmal verschaffen sich fremde Personen Zutritt in das Schulgebäude, manchmal sind es aber auch die eigenen Schüler, die Mädchenklos ausspionieren oder für sexuelle Aktivitäten aufsuchen.

Welche Konsequenzen soll man daraus ziehen? Dürfen Schüler und Schülerinnen die Toilette nur noch unter Aufsicht einer Lehrkraft aufsuchen? Brauchen wir Wachpersonal an den Schulen? Sollen Schulen während der Unterrichtszeit verschlossen sein, sodass fremde Personen keinen Zutritt erhalten können?

Wichtig ist, dass Schülerinnen, aber auch Schüler, für die Thematik sensibilisiert werden, auffällige Geschehnisse mitteilen und sich nicht selbst in Gefahr begeben. Eine Präventionsmaßnahme kann sein, nicht allein auf die Toilette zu gehen, sondern mit einer Mitschülerin bzw. einem Mitschüler. Außerdem sollte man möglichst bis zur nächsten großen Pause mit seinem Bedürfnis warten, denn dann sind die Schulklos meist stark frequentiert, sodass die Gefahr eines sexuellen Übergriffs geringer sein dürfte.

Zahlen und Fakten

Sexuelle Übergriffe auf Kinder und Jugendliche ereignen sich aber nicht nur im schulischen Umfeld. Viel häufiger sind Übergriffe von Verwandten oder Freunden und Bekannten der Familie und Personen, die die Kinder betreuen und eigentlich beschützen sollten. Die Täter sind in den meisten Fällen männlich. Meist sind es gesellschaftlich etablierte Menschen, die zum Teil selbst eine Familie und Kinder haben und einer geregelten Arbeit nachgehen.

Die Täter sind meist keine Gangster, denen man schon von ferne die böse Absicht ansieht.

Zahlen In Deutschland werden jährlich rund 16000 Fälle von Kindesmissbrauch angezeigt. Dabei handelt es sich nicht nur um Mädchen; auch Jungen werden missbraucht. Die Dunkelziffer wird auf das Zehnfache geschätzt. Einige Studien gehen sogar von 300 000 missbrauchten Kindern pro Jahr in Deutschland aus. Diese Zahl ist bei sexuellem Missbrauch von Kindern und Jugendlichen deshalb so hoch, weil die zumeist nahe Beziehung zum Täter sowie Scham und häufig Selbstvorwürfe es dem Kind unmöglich machen, auf den Missbrauch aufmerksam zu machen bzw. sich ihm zu entziehen. Jungen fällt es wegen ihrer (falsch verstandenen) Männerrolle schwieriger, über sexuellen Missbrauch zu sprechen, als Mädchen. Bei ihnen ist die Dunkelziffer also noch höher.

Für viele Kinder und Jugendliche gehört der sexuelle Missbrauch demnach quasi zu ihrem Lebensalltag. Statistisch gesehen lassen sich in jeder Kindergartengruppe, in jeder Schulklasse und in jeder Verwandtschaft Kinder finden, die bereits Opfer von Missbrauch geworden sind. Auch gibt es kein spezifisches Alter – die Altersspanne der Opfer reicht von Säuglingen bis zu Teenagern. Die meisten Übergriffe finden jedoch bei Kindern im Alter zwischen sechs und elf Jahren statt.

Formen des Missbrauchs Die Art des Missbrauchs reicht von Exhibitionismus und Ausziehen über Berührungen bis hin zu pornografischen Foto- und Filmaufnahmen, der manuellen oder oralen Befriedigung und der Vergewaltigung. Dasselbe gilt für die Vorgehensweise. Der Übergang vom Ausdruck reiner Zuneigung (z. B. drücken, in den Arm nehmen) hin zu sexuellem Missbrauch geschieht häufig spielerisch. Dabei werden die sexuellen Handlungen in Spiele (etwa wildes Auskitzeln), Massagen oder andere Tätigkeiten wie Waschen eingebaut. Der Übergang vom Spiel zum Übergriff ist oft schleichend und wird von den Kindern erst bewusst wahrgenommen, wenn es bereits zu spät ist. Meistens geschieht die Tat aber keineswegs spontan und überraschend, sondern sie wird in der Regel zuvor bis ins Detail geplant.

||| § So ist's Recht

Rechtlich gesehen sind sexuelle Kontakte von Erwachsenen mit Kindern und Jugendlichen nach §§ 176 ff. Strafgesetzbuch (StGB) strafbare Handlungen, wenn es sich um Kinder unter 14 Jahren handelt, und zwar gleichgültig, ob der Kontakt mit oder ohne Zustimmung der oder des Minderjährigen erfolgte. Ebenso strafbar ist sexualisierte Gewalt gegen Jugendliche unter 18 Jahren unter Ausnutzung einer Zwangslage (§ 182 StGB) oder der sexuelle Missbrauch behinderter bzw. widerstandsunfähiger Personen (§ 179 StGB). Unabhängig vom Alter bzw. der Minderjährigkeit des Opfers ist im Übrigen ohne dessen Einverständnis jede sexuelle Nötigung oder Vergewaltigung nach § 177 StGB strafbar.

Woran erkenne ich, dass mein Kind Opfer sexueller Gewalt wurde?

So vielfältig die Art des sexuellen Missbrauchs, so unterschiedlich sind auch die Signale des Kindes, die auf einen möglichen sexuellen Missbrauch hinweisen. Eine eindeutige Diagnose kann es demnach nicht geben, wohl jedoch Anhaltspunkte, die Sie ernst nehmen sollten. Nur wenige Kinder teilen sich anderen, auch ihren Eltern, offen mit, wenn ihnen etwas Schreckliches wie ein sexueller Übergriff widerfahren ist. Dennoch zeigen sie in aller Regel eine Änderung ihres Verhaltens, die Sie stutzig werden lassen sollte, wenn Sie sie an Ihrem Kind bemerken.

Verändertes Verhalten Eine solche Verhaltensänderung kann sich etwa dahingehend zeigen, dass Ihr ansonsten lebensfrohes Kind plötzlich verschlossen und bedrückt wird, sich zurückzieht und nicht mehr unbefangen von seinen Erlebnissen in der Schule berichten mag. Auch ein plötzlich auftretendes, stark aggressives Verhalten eines ansonsten eher friedvollen Kindes, manchmal in Kombination mit einer großen Unruhe und Anspannung, kann ein Anzeichen für einen sexuellen Übergriff sein. Manche Kinder malen Situationen oder spielen sie nach, über die sie nicht reden können. Achten Sie in diesem Fall insbesondere auf solche verdeckten Botschaften Ihres Kindes.

> Achten Sie auf versteckte Botschaften Ihres Kindes.

Symptome Opfer sexueller Gewalt können folgende Symptome zeigen:

- Angst
- Bettnässen
- Sprachstörungen
- Schlafstörungen, Alpträume
- Vereinsamung
- Aggressivität
- Leistungseinbrüche in der Schule

- Schulverweigerung
- Weglaufen von zu Hause
- Essstörungen
- Sexuelle Störungen bis hin zu Prostitution
- Erhöhte Gewaltbereitschaft
- Alkohol- und Drogenmissbrauch
- Depression
- Selbstverletzung
- Suizid

Was löst Missbrauch in der Psyche des Kindes aus?

Verwirrung Neben etwaigen körperlichen Schäden sind es vor allem die seelischen Wunden, die ein Missbrauchsopfer vielleicht ein Leben lang mit sich herumtragen muss. Insbesondere wenn der Täter eine (väterliche) Autoritätsperson ist, ist die kognitive Verwirrung beim Kind groß, das nun seine Rolle sucht zwischen sexuellem Partner und abhängigem Kind. Zusätzlich zur Verwirrung trägt die Verleugnung der Tat durch den Täter bei, der dem Kind zu verstehen gibt, es sei nicht zu einer sexuellen Handlung gekommen – und das, obwohl das Kind doch die körperliche Nähe und eine sexuelle Erregung wahrgenommen hat. Dieser Widerspruch führt nicht selten dazu, dass das Kind ein gestörtes Verhältnis zur Sexualität entwickelt. Man bedenke, dass sein erster sexueller Kontakt auf eine solche Weise erzwungen wurde und demnach mit Ekel, Schmerz und Erniedrigung verbunden ist. Diese Gefühle werden die Opfer auch bei späteren, echten Sexualpartnern in Erinnerung rufen. Sex wirkt für sie schmutzig und wird als lästige Pflicht angesehen. Erschwerend kommt hinzu, dass das Opfer dazu gezwungen wird, den Vorfall zu verschweigen („Wenn du es Papa oder Mama erzählst, werden sie dich nicht mehr lieb haben"). Es kann sich also niemandem anvertrauen, der seine Verwirrung erklären könnte. Auch das

> **„Wenn du es Papa oder Mama erzählst, haben sie dich nicht mehr lieb."**

Vertrauen des Kindes leidet, wenn die Person, der es einst Vertrauen geschenkt hat, es auf diese Weise verletzt.

Scham und Schuldgefühle Zu der Verwirrung des Opfers kommen Gefühle von Scham (dass es missbraucht wurde) und Schuld (weil es den Missbrauch nicht verhindern konnte oder annimmt, den Täter selbst ungewollt erregt zu haben). Diese Gefühle können auch Jahre später noch auftreten. Selbst als Erwachsene haben Missbrauchsopfer häufig nicht nur ein gestörtes Verhältnis zur Sexualität, sondern sie ziehen sich emotional zurück, haben Schlafstörungen und Alpträume, Bindungsangst oder können keine Partnerschaften eingehen. Manche neigen zu Depression und Suizidversuchen. Das Ausmaß dieser Langzeitschäden wird dabei bestimmt durch die Abhängigkeit und Nähe zum Täter sowie die Intensität und die Dauer des sexuellen Missbrauchs. Durchschnittlich zieht sich der Missbrauch eines Kindes über einen Zeitraum von vier Jahren.

Gewalt in Songs. Aggressive Musik

„Ich hör am liebsten Bushido, wenn ich Ärger mit Freunden oder mit meinen Eltern hab. Ich find das geil, dass der so aggressiv und feindlich rappt, da kann man einfach so seinen eignen Frust rauslassen."

Sie machen nicht nur auf hart, nein, sie sind es, zumindest angeblich, auch. Sie heißen Frauenarzt, Kaisaschnitt, Prinz Porno oder King Orgasmus und ihre frauenverachtenden, rassistischen und gewaltverherrlichenden Texte kommen bei vielen Jugendlichen an. Und sie werden gehört, oft ohne dass Lehrer oder Eltern davon wissen.

Letzteren würde es wohl die Sprache verschlagen, wenn sie einen dieser Songtexte hörten: Frauenarzt betitelt Frauen „All ihr Huren, Schlampen, Fotzen, Prostituierten", King Orgasmus One „fickt Bitches ins Maul" und rappt „Ich bin am Arsch und fick Mädchen von hinten, die sich nicht wehren! Ich fick in dein Arsch und danach leckst du ab."

Bei einer Umfrage der Universität Köln im Jahr 2006 gaben 31 Prozent der befragten Jungen den sexistischen deutschen Gangsta-Rap als Lieblingsmusik an. Demgegenüber favorisierte nur jedes zwanzigste Mädchen diese Musikrichtung. 2009 wurde die Umfrage neu aufgelegt und es ergaben sich folgende Ergebnisse, nach Schulformen geordnet:

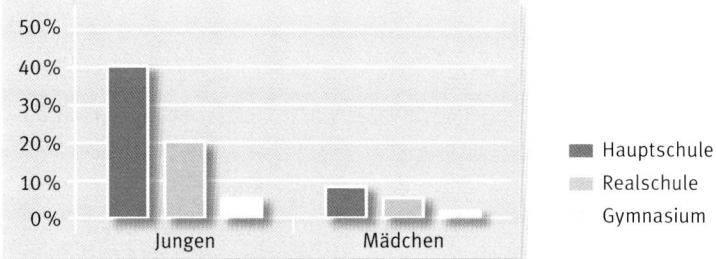

Wer hört am meisten Gangsta-Rap?

Es scheint demnach einen Zusammenhang zu geben zwischen der Akzeptanz sexistischer bzw. gewaltverherrlichender Musik und der Bildungsschicht. Zumindest lässt sich erkennen, dass an Hauptschulen knapp die Hälfte aller Jungen diese Songs favorisiert, während es an Gymnasien nur ein verschwindend geringer Teil ist.

Warum sprechen Jugendliche auf diese Musik an?

„Ich find das einfach voll korrekt, wie die mit den Schlampen umgehen. Das sind doch alle Bitches und die gehören halt gefickt."

Zunächst einmal stellen derartige Songs ein Zusammengehörigkeitsgefühl her. In manchen Kreisen muss man den neuesten Skandal-Rap auf seinem Handy haben, um bei den anderen anzukommen und richtig „cool" zu sein. Die Zugehörigkeit zu einer Gruppe spielt für die Heranwachsenden insbesondere in der heutigen Zeit eine große

Rolle, in der traditionelle Gruppen wie Familie, Nachbarschaft und Vereine zusehends an Bedeutung verlieren.

Ein Grund, warum diese Musik besonders bei Hauptschülern beliebt ist, kann darin liegen, dass die Interpreten durch ihre eigene Biografie bei den Heranwachsenden eine gewisse Hoffnung schüren, selbst einmal Anerkennung zu bekommen und die Resignation überwinden zu können. Schließlich kommen viele Rapper aus zerrütteten Familienverhältnissen und wuchsen in ärmlichen Verhältnissen auf, bevor sie durch ihre Musik zu Ruhm und Reichtum gelangten. Dass sich dieser Traum nur für einige wenige erfüllen lässt, steht freilich auf einem anderen Blatt.

Jugendliche mit bereits existentem Aggressionspotenzial sehen in den Texten eigene Probleme und Handlungen bestätigt und identifizieren sich mit den Rappern und den Songinhalten. Durch die Abwertung des anderen (meist der Frauen) steigt ihr eigener Wert. Bei Jungen gelten die gewalttätigen Aktionen, die Gegenstand der Songs sind, als besonders männlich, was

Indem sie andere, meist Frauen, abwerten, steigt ihr eigener Wert.

wiederum zu einer bestimmten Auslegung des Männlichkeitsbegriffs sowie des Rollenverständnisses bei ihnen führt.

Ein weiterer Grund für den Konsum auffälliger Musik (hierzu zählen nicht nur die hier dargestellten Gangsta-Raps, sondern beispielsweise auch die einschlägigen Titel der sogenannten Grufti-Szene oder rechtsextreme Propagandasongs) liegt natürlich auch in der Abgrenzung von anderen und im Überschreiten von Grenzen. Eltern, Lehrer, kurzum: alle Erwachsenen oder prinzipiell Andersdenkenden versuchen die Jungendlichen durch Kleidung, Aussehen und eben die Musik zu provozieren. Sie wollen nicht die gleichen Produkte konsumieren wie der Rest der Welt, sondern sich gerade durch die Art und Weise ihres Konsums davon abgrenzen. Anders ausgedrückt: Jugendliche lieben das, was Mama und Papa erschreckt.

Was löst diese Musik in den Jugendlichen aus?

Darüber ist man in Fachkreisen geteilter Meinung. Das folgende Schema verdeutlicht die Gefahr, die im Konsum von gewaltverherrlichenden Songtexten stecken kann:

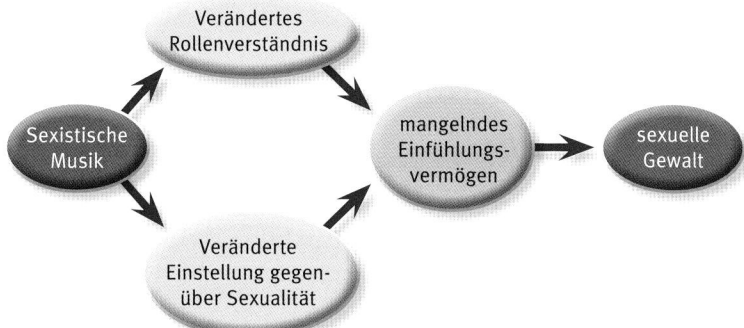

Wissenschaftlich bestätigt ist diese vereinfachte Darstellung allerdings nicht. Im Gegenteil: Der tatsächliche Effekt, den derartige Musik auf Jugendliche ausübt, ist größtenteils unklar. Wie bei Medienkonsum generell, also z.B. Computerspielen, sind mehrere Faktoren für eine Veränderung hin zu einem unsozialen Verhalten verantwortlich (z.B. die Tendenz zu Aggression und Gewalt), und eben nicht nur das Hören von einschlägiger Musik.

Einer Studie zufolge neigen Jugendliche umso mehr dazu, Ärger mit aggressiver Musik zu verarbeiten, je höher ihre Neigung zu aggressivem Verhalten ausgeprägt ist. Umgekehrt aber kann vom Hören aggressiver Musik nicht auf eine Neigung zu aggressivem Verhalten geschlossen werden.

Wie bei der Frage, ob Computerspiele für Amokläufe an Schulen verantwortlich gemacht werden können, scheiden sich auch an der Thematik der bevorzugten Musikrichtung die wissenschaftlichen Geister. Während die einen der sogenannten Katharsis-Theorie anhängen und der Ansicht sind, dass das Hören von Musik mit aggressiven Texten von eigenen Aggressionen „befreit", steht für andere eher die aggressionsfördernde und -auslösende sowie enthemmende Wirkung der Musik im Vordergrund.

Eines ist jedenfalls gewiss: Ein Jugendlicher wird nicht automatisch fremdenfeindlich, nur weil er dann und wann Musik rechtsextremer Bands hört. Eine Gefahr für einen Teil der Jugendlichen lässt sich andererseits aber auch nicht ausschließen. Gefährdet sind Kinder und Jugendliche insbesondere dann, wenn sie

- Bedürfnisse zeigen, Macht auszuüben
- häufig Frustrationen und Hass ausleben
- zwar Interesse an Sexualität haben, ihnen der reale Zugang zu ihr jedoch bislang verwehrt blieb
- kein oder nur wenig Einfühlungsvermögen und Mitgefühl besitzen
- kein traditionelles oder emanzipiertes Rollenverständnis kennengelernt haben

Jugendliche mit geringer Tendenz zu aggressivem Verhalten mögen vielleicht dieselbe Musik wie Jugendliche mit hoher Neigung – nur schätzen Erstere dieselbe Musik anders, das heißt weniger aggressiv ein. Aggressive Jugendliche verwenden die Musik darüber hinaus eher zur Kompensation ihrer Emotionen und kommen durch das Hören gewaltlastiger Texte richtig in Fahrt.

Was kann ich tun, wenn mein Kind gewaltverherrlichende Musik hört?

Zunächst einmal können Sie im Prinzip beruhigt sein. Zum einen gehören zu einer Ausprägung eines aggressiven Verhaltens noch weitere Faktoren als lediglich das Hören von entsprechender Musik. Zum anderen bedeutet die Tatsache, dass Ihr Sohn Texte über Vergewaltigungen und Demütigungen von Frauen hört, nicht, dass er den Inhalt tatsächlich gutheißt. Vielmehr kann es ihm einfach nur um die Zugehörigkeit zu einer Gruppe und eine Abgrenzung von den Erwachsenen gehen (siehe oben). Denken Sie beispielsweise an die Zeit, als Rock 'n' Roll und Beat aufkamen: Auch diese Jugendmusik trieb die damaligen Eltern fast in den Wahnsinn.

Interesse zeigen Suchen Sie das Gespräch mit Ihrem Kind und bringen Sie in Erfahrung, wie regelmäßig es solche Musik hört und aus welchen Beweggründen dies geschieht. Handelt es sich um reine Neugier, hört Ihr Kind gelegentlich, um dazuzugehören, oder hört es die Musik intensiv, um sich abzureagieren?

Informieren Sie sich über die Musik, die Ihr Kind hört, und reden Sie mit ihm darüber. Scheuen Sie sich nicht, auch auf die (manchmal sehr derben) Texte einzugehen. Was fasziniert Ihr Kind daran? Klären Sie Ihr Kind offen und ehrlich auf und verschweigen Sie dabei auch ausgefallene Vorlieben nicht. Wichtig ist, dass Sie nicht tabuisieren und Fragen Ihres Kindes ehrlich beantworten. Vermitteln Sie Ihrem Kind ein adäquates Rollenverständnis, in dem Männer und Frauen (auch sexuell) gleichberechtigt sind und niemand vom Partner zu einer Handlung gezwungen werden darf.

Sprechen Sie mit Ihrem Kind auch über den Einfluss der Medien. Jugendmagazine, Fernsehsendungen, Radiobeiträge schüren in der Regel den Ruf, den der „Künstler" mitbringt, denn je straffälliger er geworden ist, desto mehr „ghettolike" ist seine Reputation und desto besser verkauft sich das Produkt. Achten Sie aber darauf, dass Ihr Kind nicht den Einruck erhält, dass seine Lieblingsmusik analytisch zerpflückt und pädagogisiert wird und es sich für seinen Musikgeschmack rechtfertigen muss.

Nicht provozieren Vermeiden Sie ferner, Ihr Kind mit verallgemeinernden Aussagen zu provozieren. Wenn Ihr Kind Musik aus der rechten Szene hört und Sie sagen beispielsweise „Du bist ja ein Nazi!", dann wird die Antwort vermutlich sein „Dann bin ich halt ein Nazi!", und das Gespräch ist beendet. Auf der anderen Seite sollten Sie die Musikwahl Ihres Kindes aber auch nicht ignorieren, denn sonst empfindet es die in den Texten zum Ausdruck gebrachten gewaltbetonten Handlungsweisen als akzeptiert, richtig und normal. Sprechen Sie Ihre Bedenken sachlich an, ohne Ihrem Kind Vorwürfe zu machen.

||| Extra-Tipp

Regen Sie an der Schule Ihres Kindes ein Hip-Hop- bzw. Rap-Projekt an, in dem die Schüler sich künstlerisch und kreativ mit der Musik auseinandersetzen und einen eigenen (natürlich jugendfreien!) Song komponieren. Diesen können sie dann zu einem schulischen Anlass (z. B. Schulfest oder Tag der offenen Tür) einem breiten Publikum vorstellen.

Rechtsextreme Gewalt. Kein Kavaliersdelikt

Braune Propagandawelle überflutet deutsche Schulen
Hübsch aufgemachte Heftchen und CDs, die den Nerv der Heranwachsenden treffen: Immer mehr rechte Gruppierungen verteilen „Schulhof-CDs" und „Schülerzeitungen". In Sachsen ermittelt bereits die Staatsanwaltschaft. Aber auch in anderen Bundesländern liegen rechtsextreme Hetz-Hefte in Zehntausender-Auflage bereit.

Manche Jugendliche finden den Einstieg in die rechtsextremistische Szene über einschlägige Musik. Gezielt vor den Toren der Schule an die Schüler verteilt, verlockt eine Gratis-CD mit rassistischen und demokratiefeindlichen Songs Heranwachsende, sich näher mit den entsprechenden Gruppierungen vertraut zu machen. Wer bereits mit rechten Gruppen sympathisiert, wird durch die Texte in seinen Ansichten gestärkt.

Für die rechtsextremen Gruppen bedeutet die Verteilung solcher CDs eine ideale Werbung, da sie von der Musikrichtung her den Geschmack vieler Jugendlicher trifft. Dabei stehen die Texte für die Hörer in der Regel zunächst einmal nicht im Vordergrund. Vielmehr sind es die Melodien und einfachen Rhythmen, die sich bei ihnen einprägen. Dass es sich dabei größtenteils um etwas Verbotenes handelt, steigert den Reiz oftmals zusätzlich.

CDs, die kostenlos vor der Schule verteilt werden, sind für die Rechten die ideale Werbung.

Die Texte verherrlichen Gewalt oder rufen zu Gewalttaten auf und propagieren ein rassistisches Weltbild. Funktionsträger der NS-Diktatur werden glorifiziert, Ausländer, Farbige, Behinderte, Juden und Muslime zum Feind erklärt. Auf der CD „Der ewige Jude" der Band „Volkszorn" heißt es z. B.: „Die Juden werden brennen, werden um ihr Leben rennen. Die Moslems werden brennen und dann zur Hölle fahr'n." Eine „judenfreie Welt" und einen „neuen Führer" fordert die Band „Kommando Freisler": „Und gibt es auf der Welt dann keine Juden mehr, wird unser Deutschland endlich wieder frei." Die Rechtsextremen selbst werden in diesen Texten als Widerstandskämpfer gegen das bestehende politische System dargestellt.

Propaganda durch Musik ist keineswegs eine Masche regionaler Splittergruppen, sondern auch bundesweit aktive Parteien nutzen diese Möglichkeit, auf sich aufmerksam zu machen. So hat die NPD einige der sogenannten Schulhof-CDs produziert und an Schüler verteilt. Die Botschaften der Liedtexte sind zumeist nicht so eindeutig wie die oben genannten, vielmehr werden sie geschickt verpackt oder nur angedeutet. Häufig werden der CD Interviews mit Rechtsextremisten oder Aufkleber mit rechtsextremistischen Parolen beigelegt.

Wie kann ich mein Kind vor rechtsextremer Musik schützen?

Bringt Ihr Kind eine solche CD nach Hause, informieren Sie die Schule umgehend darüber. Grundsätzlich dürfen derartige Medien nicht auf dem Schulgelände verteilt werden. Geschieht dies außerhalb des Grundstücks, z. B. auf dem Schulweg, sollten die Lehrkräfte dennoch darüber informiert werden, um die Schüler über die Gefahr, die von den Tonträgern ausgeht, aufklären zu können. Darüber hinaus sollten Sie die Polizei über die Verteilaktion informieren, denn die meisten Musikstücke sind indiziert und deren Distribution somit verboten.

Noch wichtiger ist jedoch ein Gespräch mit Ihrem Kind über die Inhalte der Songs. Erziehen Sie Ihr Kind zu demokratischen und freiheitlichen Werten und klären Sie es über die Werbestrategien von Rechtsextremisten und die Bedeutung der Musik in diesem Zusammenhang auf.

Woran erkenne ich rechtsextreme Propaganda?

Neben der Musik verwenden rechtsextreme Gruppierungen auch andere Methoden, ihre gemeinsame Identität zu zeigen und eine Zusammengehörigkeit nach außen deutlich zu machen. Hierzu zählt natürlich die spezielle Kleidung, aber auch Kennzeichen und Symbole, die zum Teil aus der Vergangenheit Deutschlands stammen und daher unter Strafe gestellt wurden.

Für Laien ist es oftmals nicht ersichtlich, ob es sich bei einem Aufnäher auf einem Kleidungsstück um ein verbotenes Propagandamittel handelt oder nicht. Hier deshalb ein kurzer Überblick über rechtsextreme Symbole und Flaggen:

Hakenkreuz Das Symbol des Nationalsozialismus schlechthin war ursprünglich ein Heilszeichen, das ein laufendes Sonnenrad darstellt. In Asien findet man es, zum Teil in abgewandelter Form, noch heute an Häusern und Türen. Im Ersten Weltkrieg fand das Symbol Einzug in das kaiserliche Heer. Ideologen unterstellten ihm eine völkische und antisemitische Bedeutung, woraufhin Adolf Hitler das Hakenkreuz (Seite 48, Abb. 1) zum Kennzeichen der Nationalsozialistischen Deutschen Arbeiterpartei (NSDAP) machte. Heute sind das Hakenkreuz und seine Nachbildungen und Variationen verboten.

Flaggen Von den Flaggen, die Rechtsextreme verwenden, ist die Reichskriegsflagge des Dritten Reiches von 1933 bis 1945 (Abb. 2) heute verboten. Nicht unter Strafe gestellt sind die Kriegsflagge des Deutschen
Reiches von 1867 bis 1921 (Abb. 3) und die Reichskriegsflagge der Wei-
marer Republik von 1922 bis 1933 (Abb. 4). Sie werden häufig bei Auf-
märschen mitgeführt.

Abb. 1

Abb. 2

Abb. 3

Abb. 4

Runen Runen sind die ältesten germanischen Schriftzeichen, die vor allem Priestern zu magischen und kultischen Zwecken dienten. Die „SS" machte sich die aggressive dynamische Form der wie ein Blitz aussehenden doppelten Sig-Rune und die Assoziation mit dem Wort „Sieg" zu eigen. Die Verwendung dieser doppelten Sig-Rune (Seite 50, Abb. 5) ist heute unter Strafe gestellt. Daneben verwenden Rechtsextremisten heute vor allem die Lebensrune (Abb. 6), die Todesrune

(Abb. 7) und die Odal-Rune (Abb. 8). Rechtsextremisten gebrauchen ferner gern eine den Runen ähnelnde Schriftform.

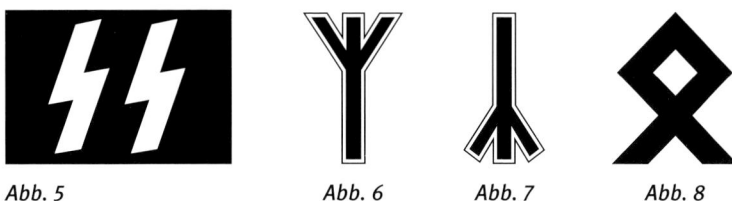

Abb. 5   *Abb. 6*   *Abb. 7*   *Abb. 8*

Kleidung und Aussehen   Ein einheitlicher Look mit Bomberjacken, Kampfstiefeln und kurz rasierten Haaren prägt noch das mediale Bild vom Rechtsextremismus. Viele Rechtsextreme vermeiden heute allerdings ein solch uniformiertes Auftreten und bevorzugen Kleidungsstücke, die auf den ersten Blick unauffällig sind, aber dennoch eindeutige Erkennungsmerkmale aufweisen.

Bekanntestes Beispiel hierfür ist der Londoner Sportartikelhersteller Lonsdale, dessen Kleidung von rechtsextremen Jugendlichen gern getragen wird, weil sich in dem Namen die Buchstabenkombination NSDA befindet. Damit kann der Träger auf die NSDAP anspielen, ohne dass man ihm eine Verletzung des § 86a StGB (Verwendung von Symbolen verfassungsfeindlicher Organisationen) vorwerfen kann. Der Hersteller distanziert sich allerdings in aller Deutlichkeit vom Rechtsextremismus.

> **Beliebt sind Modelabels, in deren Namen die Buchstaben NSDA versteckt sind.**

Auch beim rechtsextremistisch orientierten Label Consdaple ist die Sichtbarkeit der Buchstaben NSDAP das ausschlaggebende Element. Artikel dieses Herstellers sind ausschließlich in entsprechenden Szeneläden oder im einschlägigen Versandhandel erhältlich. Der ursprünglich norwegische und nun in Brandenburg produzierende Hersteller Thor Steinar spricht schon mit dem Namen (Thor = germanischer Gott, Steinar = Anspielung auf Felix Steiner, General der Waffen-SS) gezielt Rechtsextremisten an. Zunächst verwendete die Firma ein aus

zwei Runen zusammengesetztes Logo, das sie später in ein strafrechtlich unbedenklich eingestuftes Logo umwandelte.

Codes Rechtsextremisten verwenden häufig Codes, die meist nur In-
sidern bekannt sind und ihre eigentliche Aussage für nicht Einge-
weihte verschlüsseln. Hierzu zählen:

- **14 Words** – bezeichnet die Abkürzung der Parole des amerikani-
  schen Neonazi-Führers David Lane „We must secure the existence
  of our people and a future for white children" („Wir müssen den
  Erhalt unserer Rasse sichern und eine Zukunft für weiße Kinder").

- **18** – steht für den ersten (A) und achten (H) Buchstaben des
  Alphabets, die Initialen Adolf Hitlers.

- **88** – steht für den achten (H) Buchstaben des Alphabets und ist
  eine Abkürzung für „Heil Hitler".

- **14/88** – ist eine häufig gebrauchte rechtsextremistische
  Grußformel mit der oben genannten Bedeutung.

- **ZOG** – steht für „Zionist Occupied Government" („zionistisch
  besetzte Regierung").

- **WAR** – bedeutet „White Arian Resistance" („weißer arischer
  Widerstand").

- **ACAB** – ist die Abkürzung für „All Cops Are Bastards" („Alle Polizisten sind Bastarde") und wird nicht nur von Personen der rechtsextremen Szene verwendet, sondern beispielsweise auch von
  Punks.

„Euch mach ich platt!"
Amok kommt nicht von heute auf morgen

Auf Usedom in Mecklenburg-Vorpommern entsetzte ein 16-jähriger Gymnasiast die Öffentlichkeit, indem er eine Todesliste von Lehrern und Schülern erstellte und die Munition berechnete, die er für die Hinrichtung benötigen würde.

Robert muss heute eigentlich nicht in die Schule gehen. Im Grunde genommen braucht er gar nicht mehr hin, denn sie haben ihn rausgeschmissen. Trotzdem macht er sich auf den Weg zu seiner alten Schule, schwer bewaffnet mit einer Pistole und einer Pumpgun. Dann geht alles ganz schnell. Innerhalb weniger Stunden erschießt Robert in Erfurt 15 seiner ehemaligen Lehrer und Mitschüler, einen der herbeigerufenen Polizeibeamten und schließlich sich selbst.

Der 17-jährige Tim schießt in zwei Klassenzimmern und einem Chemiesaal einer Realschule in Winnenden mit einer Pistole des Typs Beretta 92 auf die dort anwesenden Schüler und Lehrer. Ein Schüler, sechs Schülerinnen und eine Lehrerin sterben an der Schule, zwei Schülerinnen auf dem Weg ins Krankenhaus, neun weitere Schülerinnen und eine Lehrerin werden verletzt in Krankenhäuser eingeliefert. Nach einem filmreifen Fluchtversuch, der weitere Menschen das Leben kostet, tötet Tim sich schließlich im rund 100 Kilometer entfernten Wendlingen durch einen Kopfschuss selbst.

Mit einem Beil, zwei Messern und drei Molotowcocktails bewaffnet stürmt Georg das Gebäude seiner Schule in Ansbach. Er schleudert einen Brandsatz in den Klassenraum einer 10. Klasse und schlägt danach mit dem Beil wahllos auf die aus dem Raum flüchtenden Schüler ein.

Drei Beispiele von Amokläufen an deutschen Schulen, die weltweit für Aufsehen gesorgt haben und ganz Deutschland erschütterten. Dabei sind es per Definition eigentlich gar keine Amokläufe. Der Geläufigkeit wegen soll im Folgenden trotzdem der Begriff Amoklauf verwendet werden.

||| **Die Bedeutung des Wortes „Amok"**

Die für eine versuchte oder vollzogene Tötung von Menschen im schulischen Umfeld häufig verwendete Bezeichnung Amoklauf ist sprachwissenschaftlich nicht korrekt. Der Begriff Amok ist aus dem malaiischen Wort „men-âmok" entlehnt, was so viel heißt wie „in blinder Wut angreifen oder töten", und beschreibt einen plötzlichen, ungeplanten Gewaltausbruch. Die Weltgesundheitsorganisation WHO definiert Amok als „eine willkürliche, anscheinend nicht provozierte Episode mörderischen oder erheblichen (fremd-)zerstörerischen Verhaltens, auf welche meist Amnesie und/oder Erschöpfung folgt". Bei den schweren, zielgerichteten Gewalttaten an Schulen handelt es sich dagegen um Taten, die in den meisten Fällen über einen langen Zeitraum geplant wurden.

Eine Erscheinung unserer Zeit?

Verfolgt man die Berichterstattung in den Medien, erhält man den Eindruck, Amokläufe seien eine „Errungenschaft" dieses Jahrtausends. Zwar gab es bereits zu Beginn des letzten Jahrhunderts Aufzeichnungen über Schulmassaker (wie beispielsweise der Amoklauf in Bremen im Jahr 1913 oder das Schulmassaker von Bath 1927), aber so geballt und in so kurzen Abständen wie heute (z.B. Erfurt 2002, Emsdetten 2006, Virginia Tech 2007, Winnenden und Ansbach 2009) traten solche Ereignisse noch nie auf. Weltweit wurden Anfang der 1990er-Jahre innerhalb von drei Jahren insgesamt sechs Taten verübt, während man zu Beginn dieses Jahrhunderts im gleichen Zeitraum insgesamt 23 Vorfälle verzeichnete.

Liegt dieser Trend an der zunehmenden Gewaltdarstellung im Fernsehen und in Kinofilmen? Sind vielleicht doch gewaltverherrlichende Computerspiele daran schuld, die von Experten nach einer Tat schnell wieder in die Diskussion gebracht werden? Oder liegt es an der medialen Berichterstattung, die den Taten und den Amokläufern selbst eine große Bühne zur Verfügung stellt und somit Nachahmer auf den Plan ruft? Die Wahrheit liegt wohl dazwischen. Fakt ist allerdings, dass ein Heranwachsender nicht automatisch zum Attentäter wird, nur weil er gerne „Counter Strike" spielt.

> **Die Medien bieten Amokläufern eine große Bühne. Das ruft Nachahmer auf den Plan.**

Die Täter und ihre Beweggründe

Fest steht jedenfalls, dass die Tat in aller Regel akribisch vorbereitet und häufig über Jahre hinweg bis ins Kleinste geplant wird. Ausgelöst wird der Entschluss für einen solchen Anschlag meist durch ein Ereignis, das der Täter mit der Schule in Verbindung bringt und für das er keinen anderen Ausweg sieht. Zu solchen Ereignissen zählen etwa eine als ungerechtfertigt angesehene Nichtversetzung, der Rausschmiss aus der Schule, aber auch Kränkungen und Mobbing, sowohl durch Mitschüler als auch durch Lehrkräfte.

Männlich, 15 Jahre Solche Gewalttaten werden hauptsächlich von männlichen Jugendlichen begangen, und zwar in einem durchschnittlichen Alter von knapp unter 16 Jahren. Allerdings lassen sich keine eindeutigen Täterprofile ausmachen, die sich für eine Prävention von Amokläufen nutzen ließen. In der Regel sind die Täter nicht einer bestimmten sozialen Schicht zuzuordnen und stammen nur selten aus zerrütteten Elternhäusern. Ganz im Gegenteil: Häufig stammen die Täter gerade aus vermeintlich intakten Familien und niemand aus

> **Die meist männlichen Täter sind im Durchschnitt noch nicht mal 16 und haben häufig wenige Freunde.**

der Nachbarschaft hätte auch nur im Traum daran gedacht, dass „gerade dieser Junge zu einer solchen Tat im Stande wäre".

Außerdem weisen die Täter nicht zwangsläufig schwere psychische Störungen auf und sind auch nicht unbedingt sozial isolierte Einzelgänger. Dennoch handelt es sich bei den Tätern häufig um Menschen, die eher als introvertiert zu bezeichnen sind und nur geringe soziale Bindungen, also Freundschaften haben. Die wenigen Freunde sind zudem meist ebenfalls Außenseiter. In vielen Fällen handelt es sich bei den Tätern um Menschen mit durchschnittlicher bis hoher Intelligenz, die trotzdem in der Schule versagen (etwa weil sie unterfordert sind).

Die meisten Amokläufer machten vor ihrer Tat intensive Erfahrung mit Schusswaffen, z. B. durch die Zugehörigkeit zu einem Schützenverein oder das Hobby des Vaters. In den meisten Fällen besorgten sie sich die für die Tat benötigten Schusswaffen aus der Sammlung des Vaters, der als Jäger oder Sportschütze legal über Schusswaffen verfügte.

Eine Verkettung von Faktoren Es gibt nicht die eine Ursache für einen Amoklauf und auch nicht die eine psychische Störung, an der man den Täter frühzeitig erkennen könnte. Nur weil ein Schüler der Schule verwiesen wird, muss er noch lange keinen Amoklauf planen. Nur weil ein Schüler depressiv ist und in Tarnkleidung herumläuft, ist er kein potenzieller Amokläufer. Vielmehr hängt es von verschiedenen Ereignissen sowie einer Verkettung unterschiedlicher Faktoren ab, ob ein Heranwachsender dazu imstande ist, viele andere Menschen umzubringen. Häufig handelt es sich bei Amokläufern um eigentlich eher ängstliche Jugendliche, die verzweifelt nach Stärke, Macht und Männlichkeit suchen. Dementsprechend sehen ihre Zimmer aus, zu denen die Eltern meist keinen Zutritt mehr erhalten: An den Wänden des insgesamt dunklen Raumes hängen Bilder von Waffen, Munition und Mordwerkzeugen aller Art.

> Nur weil ein Schüler von der Schule fliegt, läuft er nicht gleich Amok.

Sogenannte Todeslisten, auf denen einzelne Namen zukünftiger Opfer aufgeführt sind und die vielleicht sogar im Internet (z. B. bei Facebook) veröffentlicht werden, gibt es nur in Ausnahmefällen. Nicht selten jedoch deuten sich Vorhaben der Täter durch indirekte Anspielungen oder direkte Warnungen, ausgedrückt in Briefen oder Bildern, im Vorfeld der Tat an.

Hier gilt es, besonders aufmerksam zu sein und auf Verdachtsfälle frühzeitig und gezielt zu reagieren. Die Schwierigkeit liegt freilich darin, das Gefahrenpotenzial, das in solchen Äußerungen und Ankündigungen liegt, richtig einzuschätzen und zu unterscheiden, ob es sich tatsächlich um eine ernsthafte Bedrohung handelt oder nicht nur um jugendliche (pubertäre) Fantasie.

Welche Warnsignale gibt es?

Wenn Ihr Kind akribisch Zeitungsartikel und sonstiges Material über vergangene Amoktaten sammelt, kann dies eine Anspielung auf eine mögliche Absicht sein. Dasselbe gilt für das demonstrative Tragen von Tarnkleidung. Wichtige Warnsignale sind ferner:

- direkt oder indirekt geäußerte Gewaltdrohungen
- die Beschäftigung mit Suizid
- der Zugang zu oder der Besitz von Waffen
- Rückzug und Isolation
- ein Gefühl der Ausweglosigkeit
- geringes Selbstbewusstsein
- Versagensangst
- Egozentrismus
- leichte Kränkbarkeit
- mangelnde Frustrationstoleranz
- Hoffnungslosigkeit
- Verzweiflung

Was soll ich tun, wenn ich einen Verdacht habe?

Überprüfen Hegen Sie den Verdacht, dass Ihr Kind zum Amokläufer werden könnte, oder hat es Ihnen gegenüber bereits entsprechende Andeutungen gemacht, überprüfen Sie, ob auch andere diesen Eindruck haben. Fragen Sie Freunde und Mitschüler nach deren Eindruck bzw. ob Ihr Kind auch bei ihnen ähnliche Äußerungen gemacht hat. Überprüfen Sie ferner, ob Ihr Kind im Internet Mitteilungen mit ähnlichem Tenor hinterlassen hat (z. B. auf seiner Homepage, in Einträgen in Newsgroups oder in seinem Weblog).

Handeln Suchen Sie professionelle Hilfe auf, wenn sich Ihr Verdacht bestätigt. Wenden Sie sich an entsprechende Behörden (Jugendamt, Erziehungsberatungsstellen, Polizei, Landeskriminalamt), auch wenn es Ihnen schwerfällt, da es sich um Ihr eigenes Kind handelt. Sehen Sie dies nicht als „Anschwärzen", sondern als reine Schutzmaßnahme, um Ihr Kind vor größerem Schaden zu bewahren. Sollte Ihnen ein solcher Schritt nicht möglich sein, suchen Sie zunächst einen (Schul-) Psychologen auf. Reagieren Sie aber unbedingt sofort und warten Sie nicht, bis es vielleicht zu spät ist!

Sollten Sie in Ihrer Familie über Schusswaffen verfügen, ist es selbstverständlich, dass Ihr Kind keinen Zugriff darauf haben darf und sich bei Ihrer Abwesenheit auch nicht verschaffen kann.

Jugendlicher Leichtsinn oder schwere Straftat?
Wie das Gesetz Jugendgewalt ahndet

In einer Berliner U-Bahn-Station trat der 18-jährige Torben P. wiederholt mit voller Härte gegen den Kopf des wehrlos am Boden liegenden Markus P. (29). Obwohl er ihn beinahe tötete, bekam er Haftverschonung.

Das Gesetz sieht verschiedene Möglichkeiten vor, Gewalt von Jugendlichen zu ahnden – abhängig vom Alter des Täters sowie der Schwere der Tat.

Wie die Schule mit gewaltbereiten Schülern umzugehen hat, wird unter anderem in den Schulgesetzen der Bundesländer geregelt. Sie sehen einen Katalog pädagogischer Maßnahmen und Ordnungsmaßnahmen vor, die beispielsweise vor der Erteilung eines Schulverweises „abgearbeitet" werden müssen. Zu den pädagogischen Maßnahmen zählen etwa:

- die Ermahnung
- Gruppengespräche mit Schülern und Eltern
- das Verteilen von Aufgaben
- Nachsitzen
- zeitweise Wegnahme von Gegenständen, die den Unterricht oder die Ordnung der Schule stören können.

Zu den Ordnungsmaßnahmen zählen unter anderem:
- der Ausschluss vom Unterricht und von Klassen- oder Schulveranstaltungen
- die Versetzung in eine Parallelklasse bzw. deren Androhung
- die Überweisung in eine andere Schule
- der Schulverweis

Ordnungsmaßnahmen dürfen allerdings nur bei erheblicher Störung des Schul- oder Unterrichtsbetriebs, bei Gefährdung der Sicherheit beteiligter Personen oder Verursachung erheblicher Sachschäden angewendet werden. Insbesondere die Überweisung in eine andere Schule und der Schulverweis dürfen nur bei besonders schweren Störungen des Schulbetriebs oder schwerer Verletzung der Sicherheit und anhaltender Gefährdung des Unterrichts angewendet werden.

Wichtig ist, dass die Konsequenz zu einem Vergehen unmittelbar erfolgt und der Tat angemessen ist. Nur auf diese Weise lernen die Heranwachsenden, sich mit ihrer Tat auseinanderzusetzen und Handlungsalternativen für ähnliche Situationen zu überlegen. Zeigen auch Sie als Eltern eindeutige Reaktionen auf einen Regelverstoß oder gar Gewaltausbruch Ihres Kindes, um weitere Straftaten zu vermeiden. Scheuen Sie nicht davor zurück, die Polizei einzuschalten. Meistens genügt dieser Erstkontakt mit der Hand des Gesetzes, um Heranwachsende abzuschrecken und vor einem Rückfall zu bewahren.

Scheuen Sie sich nicht, die Polizei einzuschalten. Auch wenn Ihr eigenes Kind der Täter ist.

Wie sieht die Gesetzeslage aus?

Kinder unter 14 Jahren Generell gilt, dass Kinder unter 14 Jahren nach § 19 des Strafgesetzbuches (StGB) nicht schuldfähig sind. Begehen diese eine Tat, werden die Erziehungs- oder Sorgeberechtigten verständigt und können sie in der Polizeidienststelle abholen. Begeht ein Kind zum wiederholten Male eine Straftat (z. B. Diebstahl), können Maßnahmen angeordnet werden, die durch das Jugendamt verhängt werden können. Entstandene Personen- oder Sachschäden müssen von Kindern bzw. ihren Erziehungsberechtigten bereits ab einem Alter von 8 Jahren ersetzt werden.

Jugendliche ab 14 Jahren Für deren Straftaten findet das Jugendgerichtsgesetz (JGG) Anwendung, das im Wesentlichen Erziehungsmaßregeln vorsieht. Nach § 10 JGG können für straffällig gewordene Jugendliche etwa gemeinnützige Arbeit, die Teilnahme an einem sozialen Trainingskurs oder das Bemühen, einen Ausgleich mit dem Verletzten zu erreichen, angeordnet werden. Auch kann dem Jugendlichen z. B. untersagt werden, mit bestimmten Leuten Kontakt zu haben.

Fehlerhafte Erziehung im Elternhaus Ist die Tat darauf zurückzuführen, dass die Eltern in der Erziehung versagt haben, regelt § 12 JGG den Erziehungsbeistand, der einer Verwahrlosung der Jugendlichen vorbeugen und für eine jugendgerechtere Erziehung sorgen soll. Der Beistand wird den Erziehungsberechtigten durch das Jugendamt zugeteilt. Alternativ dazu ist auch die Anordnung einer Heimerziehung möglich. Alle Anordnungen müssen stets im angemessenen Verhältnis zu der Tat stehen und dürfen keine unzumutbaren Anforderungen an den Jugendlichen stellen.

18 bis 21 Jahre Ist der Straftäter zwischen 18 und 21 Jahren alt, wird im Einzelfall geprüft, ob für ihn noch das Jugendstrafrecht angewendet werden kann, das heißt, ob er in seiner Reifeentwicklung eher einem Jugendlichen zuzuordnen ist oder bereits erwachsen scheint.

Verfahren im Zusammenhang mit dem Jugendstrafrecht können vorzeitig beendet werden, bevor es zu einem richterlichen Schuldspruch kommt, wenn

- es sich lediglich um einen Tatvorwurf geringen Ausmaßes handelt,
- bereits geeignete erzieherische Maßnahmen eingeleitet wurden oder
- das Jugendgericht dem Beschuldigten bereits eine Weisung erteilt hat und er dieser nachgekommen ist.

Darüber hinaus lässt sich, bevor es zu einem Urteil kommen muss, ein „Täter-Opfer-Ausgleich" anstreben. Dabei wird versucht, mithilfe eines unparteiischen Vermittlers die Probleme und Konflikte zwischen Opfer und Täter außerstrafrechtlich zu schlichten und gemeinsam eine Wiedergutmachung zu vereinbaren.

Generell liegt das Hauptaugenmerk des Jugendstrafgesetzes auf den erzieherischen Maßnahmen. Nur wenn ein Jugendlicher eine besonders schwere Straftat begangen hat oder wiederholt auffällig geworden ist, ist die Verhängung von Jugendarrest von bis zu vier Wochen möglich. Es geht dabei nicht darum, ihn möglichst hart zu bestrafen, sondern zu verhindern, dass er in Zukunft wieder straffällig wird. Außerdem müssen Reaktionen auf Gewalttaten Jugendlicher so ausgewählt werden, dass negative, sozial ausgrenzende und für die Entwicklung nachteilige Folgen vermieden werden. Die Verhängung von Arrest kann demnach nur in absoluten Ausnahmefällen ein Mittel sein.

> **Ziel einer Jugendstrafe ist es, zu verhindern, dass der Jugendliche erneut straffällig wird.**

Obwohl Kinder generell strafunmündig sind, wird bei einer Straftat nicht selten dennoch ein Verfahren eingeleitet, etwa um den Sachverhalt aufzuklären und festzustellen, ob strafmündige Personen (also Jugendliche oder Erwachsene) an der Tat beteiligt waren.

Wie ist das Verfahren, wenn eine Straftat eines Jugendlichen oder Kindes angezeigt wird?

Befragung Zunächst einmal nimmt die Polizei die Personalien des Beschuldigten auf. Dann werden in Gesprächen mit Opfer(n) und Täter(n) der Sachverhalt und die Art der Beteiligung geklärt. Bei jugendlichen Straftätern dient die Ermittlung auch dazu, den Anlass und das Motiv der Tat, die Einstellung zur Tat, die Familienverhältnisse, das persönliche und soziale Umfeld sowie das Verhalten nach der Tat und die geistige Reife des Delinquenten festzustellen.

Durchsuchung Die Polizei kann den oder die Täter auch zur Dienststelle mitnehmen. Sofern es die Umstände und die Schwere der Tat erfordern, können die Beamten das Kind bzw. den jugendlichen Straftäter wie auch seine Wohnung nach Beweismitteln (z. B. Diebesgut oder Waffen) durchsuchen. Jugendliche werden anschließend erkennungsdienstlich behandelt (Fotos werden gemacht, Fingerabdrücke genommen, eventuell auch eine Speichelprobe).

Strafanzeige Eine Strafanzeige bei der Staatsanwaltschaft wird dann erstattet, wenn sich in den Ermittlungen herausstellt, dass entweder neben den Heranwachsenden auch Personen an der Tat beteiligt waren, die nach dem Erwachsenenstrafrecht zu verurteilen wären, oder die Eltern des Beschuldigten ihre Erziehungs- und Fürsorgepflicht verletzt haben. Auch der Geschädigte selbst bzw. dessen Eltern können darüber hinausgehend Strafanzeige stellen.

Verfahrenseinstellung Ist der Täter Kind im Sinne des Strafgesetzes, wird das Verfahren eingestellt, da das Kind strafunmündig ist. Allerdings wird geprüft, ob weitere Stellen (z. B. das Jugendamt) über den Vorfall in Kenntnis gesetzt und zur Handlung (z. B. der Auferlegung von Jugendhilfemaßnahmen, Gruppenarbeit oder sozialen Trainingskursen) aufgefordert werden.

Die Jugendstaatsanwaltschaft kann das Verfahren einstellen, wenn bereits geeignete erzieherische Maßnahmen durch die Eltern oder etwa auch die Schule eingeleitet sind, der Schaden wiedergutgemacht wurde oder der Jugendliche einer entsprechenden Auflage nachkommt (z. B. Teilnahme an einem Anti-Aggressions-Kurs oder Arbeit in einer sozialen Einrichtung).

Anklageerhebung Wird das Verfahren nicht eingestellt, erfolgt Anklage beim zuständigen Jugendgericht, wo ein nichtöffentliches Verfahren nach dem Jugendgerichtsgesetz (JGG) eingeleitet wird.

Maßnahmen In diesem Verfahren können folgende Maßnahmen verhängt werden:

- Erziehungsmaßregeln, wie etwa Arbeitsstunden, Teilnahme an einem Anti-Gewalt-Training oder Täter-Opfer-Ausgleich
- Hilfen zur Erziehung
- Zuchtmittel, wie etwa Verwarnungen, Schadenswiedergutmachung oder Arrest bis zu einer Dauer von vier Wochen
- Jugendstrafe (mit und ohne Bewährung) bei besonders schweren oder bei Wiederholungstaten, wenn eine negative Entwicklung des Jugendlichen bereits erkennbar ist

Strafregister Wird ein Heranwachsender zu einer Jugendstrafe verurteilt oder werden Erziehungsmaßregeln oder Zuchtmittel verhängt, bekommt er einen Eintrag im Bundeszentralregister (Strafregister). Ob und welche Einträge über Ihr Kind aufgenommen wurden, erfahren Sie bei dem zuständigen Jugendamt, dem Strafgericht bzw. der Staatsanwaltschaft.

So wappne ich mein Kind gegen Gewalt. Gefährliche Situationen entschärfen

Während der großen Pause in einer Kölner Hauptschule rempelt ein Neuntklässler versehentlich einen Mitschüler an. Der Neuntklässler entschuldigt sich sofort. Der Angerempelte findet sich mit der Entschuldigung des 14-Jährigen jedoch nicht ab. Einige Stunden später geht er unvermittelt und von hinten auf ihn los. Mehrfach schlägt er den Gleichaltrigen auf den Kopf. Zeugen berichten, der Täter habe ihm sein Knie gegen den Schädel gerammt. Eine Woche später erliegt Junge seinen schweren Verletzungen.

Gewalt gibt es wohl an jeder Schule, auch wenn sie „nur" verbal durch Beschimpfen, Fluchen oder Verleumden geschieht. Aber auch körperliche Gewalt ist fester Bestandteil an immer mehr Schulen der Republik. Gerät ein Fall an der Schule des eigenen Kindes ins Licht der Öffentlichkeit, verspüren viele Eltern Bauchweh, wenn sie ihr Kind morgens dorthin schicken müssen.

Sie und Ihr Kind sind aber keineswegs machtlos der Gewalt an Schulen ausgeliefert. Gemeinsam mit den Lehrern und Ihrem Kind können Sie dafür sorgen, dass sich Gewalt an der Schule nicht breitmacht. Bereiten Sie Ihr Kind auf gefährliche Situationen vor und schützen Sie es davor, zum Opfer oder zum Täter zu werden. Wie Sie das bewerkstelligen, erfahren Sie im Folgenden.

Wie lehre ich mein Kind, richtig mit Gewalt umzugehen?

Schauen Sie sich den Umgang Ihres Kindes an. Welche Freunde hat es? Wie stehen sie Gewalt gegenüber? Lassen Sie seine Freunde ruhig auch nach Hause kommen, dann können Sie sich selbst ein Bild von ihnen machen. Drängen Sie sich aber nicht auf – das könnte peinlich für Ihr Kind sein – und lassen Sie ihm seinen Freiraum. Verbieten Sie Ihrem Kind auch nicht einfach den Umgang mit einem Kind, das Ihnen nicht zusagt, sondern sprechen Sie mit Ihrem Sohn oder Ihrer Tochter über Ihren Eindruck und fragen Sie, was sie oder ihn an dem anderen Kind fasziniert.

Suchen Sie besonders dann das Gespräch mit Ihrem Kind, wenn Sie eine Verhaltensänderung feststellen. Geht es plötzlich nur noch ungern in die Schule? Spielt es nachmittags nur noch allein? Schwänzt es manchmal den Unterricht? Dahinter können – müssen allerdings nicht! – Anzeichen von Gewalt stecken, die Sie frühzeitig bemerken sollten, um aktiv darauf eingehen zu können. Sollte sich Ihr Verdacht bestätigen, sprechen Sie umgehend mit der Klassenlehrerin bzw. dem Klassenlehrer Ihres Kindes und eventuell auch mit der Schulleitung.

Klären Sie Ihr Kind über die Ursachen und Folgen von Gewalt auf (siehe Kapitel „Jugendgewalt", Abschnitt „Woher kommt die Gewalt?"). Wenn Ihr Kind diese versteht, kann es ihr bewusst und konsequent im (Schul-)Alltag aus dem Weg gehen und das Entstehen von Gewalt so frühzeitig erkennen, dass es vorher einlenken kann.

Handlungsalternativen Finden Sie gemeinsam mit Ihrem Kind Handlungsalternativen für konfliktträchtige Situationen. Besprechen Sie mit ihm, wie es sich verhalten soll, wenn es „dumm angemacht" wird. Sie können dies auch vor dem Spiegel oder in einem kleinen Rollenspiel ausprobieren und einüben.

Nicht wegschauen Erklären Sie Ihrem Kind, dass es nicht wegschauen soll, wenn Mitschüler Opfer von Gewalt werden, sei es verbal oder nonverbal. Hierzu gehört etwa Mobbing oder auch das Drehen von

Gewaltvideos. Ermutigen Sie Ihr Kind vielmehr dazu, dass es sich in einem solchen Fall an Sie oder direkt an den Lehrer wendet, und erklären Sie ihm den Unterschied zwischen Petzen bzw. Anschwärzen und falsch verstandener Solidarität mit dem Täter.

Umgang mit Geld und Wertsachen Erklären Sie Ihrem Kind, dass es Wertsachen und Geld nicht öffentlich zur Schau stellen soll. Stellen Sie Unregelmäßigkeiten fest (z. B. dass Geld in Ihrem Portemonnaie fehlt oder Ihr Kind mehr Geld für die Pause verlangt), fragen Sie es nach dem Warum. Schließlich könnte dahinter eine Erpressung stecken. Geben Sie Ihrem Kind grundsätzlich keine größeren Geldbeträge oder Wertsachen mit in die Schule.

||| **Extra-Tipp: Thematisch gestaltete Elternabende**

Regen Sie einen pädagogischen Elternabend zum Thema Gewalt an. Bitten Sie den Klassenlehrer oder Elternvertreter, professionelle Referenten (z. B. Mitarbeiter eines Landesnetzwerkes gegen Gewalt, Polizeibeamte usw.) für den Abend zu gewinnen. Neben grundsätzlichen Informationen zum Thema Gewalt können auch Schwerpunkte gesetzt werden, etwa:

- Erziehungsbündnis Elternhaus – Schule
- Freizeitgestaltung
- Umgang mit legalen und illegalen Drogen
- Sekten

Ein solcher Abend bietet den Eltern die Möglichkeit zum Erfahrungsaustausch. Es bietet sich auch an, die Eltern und Lehrer aller Klassen einer Jahrgangsstufe gemeinsam einzuladen. Dies spart Vorbereitungszeit und macht möglicherweise einen Experten finanzierbar.

Anlaufstellen bei Bedrohung Laufen Sie den Schulweg gemeinsam mit Ihrem Kind ab und zeigen Sie ihm Möglichkeiten und Anlaufstellen, an die es sich wenden kann, wenn es sich unterwegs bedroht fühlt oder in eine gefährliche Situation gerät. Dies können Geschäfte sein oder das Haus eines Bekannten, an dem es klingeln und Hilfe bekommen kann. Sagen Sie ihm, dass es in einer Gefahrensituation Außenstehende darauf aufmerksam machen soll, z. B. indem es laut um Hilfe ruft oder Passanten anspricht. Erinnern Sie Ihr Kind daran, in gefährlichen Situationen sofort die Polizei zu alarmieren. Machen Sie Ihr Kind mit der Rufnummer 110 vertraut und erklären Sie ihm, dass es an jeder öffentlichen Telefonzelle und auch vom Handy unentgeltlich diese Nummer wählen kann.

Verdeutlichen Sie Ihrem Kind, dass es Aggression und Gewalt besser aus dem Weg gehen und nicht auf Provokationen und Beleidigungen reagieren soll. Erklären Sie ihm, dass dies keinesfalls ein Zeichen von Schwäche ist, sondern eher ein Zeichen seiner geistigen Überlegenheit, nach dem Motto „Der Klügere gibt nach". Manchmal ist auch Weglaufen die angemessene Reaktion und keineswegs feige.

10 Gebote für den Umgang mit Gewalt

Die folgenden Tipps helfen Ihrem Kind, in konkreten Situationen angemessen auf Gewalt zu reagieren.

1. Bewahre Ruhe!

Ihr Kind soll in einer Gefahrensituation (z. B. wenn es von jemandem bedroht oder provoziert wird) nach Möglichkeit ruhig und sachlich bleiben. Vor allem sind hastige Bewegungen oder Kommentare zu vermeiden, die reflexartige Reaktionen herausfordern oder ihrerseits provozieren könnten. So behält Ihr Kind einen kühlen Kopf und kann besser Handlungsalternativen abwägen.

2. Sei vorbereitet!

Bereiten Sie Ihr Kind auf mögliche Gefahrensituationen vor und spielen Sie mit ihm die Situationen durch. Wägen Sie dabei auch mehrere

Reaktionsmöglichkeiten ab. Weisen Sie Ihr Kind auf mögliche Hilfen hin: Passanten auf der Straße, Lehrer, Polizeinotruf.

3. Werde Herr des Geschehens!

Unterwürfigkeit und Flehen kann die Angreifer zu weiteren Taten herausfordern. Erklären Sie Ihrem Kind, dass es auch in einer Auseinandersetzung seine Würde und seinen Standpunkt nicht aufgeben und selbstbewusst auftreten soll.

4. Sei wachsam!

Wird Ihr Kind Zeuge einer Gewalttat oder bemerkt, dass sich eine Situation zuspitzt, soll es gemäß seinen Möglichkeiten einlenkend und beschwichtigend eingreifen (ohne sich jedoch selbst in Gefahr zu bringen!) oder Hilfe holen. Ein Ansprechen der Kontrahenten kann die Situation bereits verändern und Schaulustige dazu animieren, ebenfalls einzuschreiten.

5. Kommuniziere mit dem Angreifer!

Ihr Kind soll versuchen, sich mit dem Angreifer zu unterhalten, ohne ihn dabei weiter zu provozieren. Hier kann Blickkontakt helfen (ohne dem Angreifer dabei direkt in die Augen zu schauen, denn dies kann ebenfalls provozierend wirken).

6. „Respektiere" den Angreifer!

Ihr Kind sollte während der Auseinandersetzung keine abfälligen Bemerkungen über den Angreifer machen und ihm auch nicht drohen (z.B. „Morgen gehe ich sofort zum Direktor und dann fliegst du sowieso!").

7. Höre deinem Angreifer zu!

Aus den Worten seines Gegenübers kann Ihr Kind in eine Kommunikation mit ihm einsteigen und Möglichkeiten seines weiteren Handelns daraus ableiten.

||| **Extra-Tipp: Auf Hilfsmittel zurückgreifen!**

Wenn Ihr Kind in eine Gewalttat verwickelt oder Zeuge davon geworden ist, sollte es versuchen, die Aufmerksamkeit anderer Menschen zu wecken. Dies kann auf verschiedene Arten geschehen. Eine Trillerpfeife etwa schafft schnell und effektiv Aufmerksamkeit und Öffentlichkeit und lässt den Täter eine Schrecksekunde lang innehalten. Auch eine Digitalkamera mit eingebautem Blitzlicht kann einen Angreifer erheblich bei seinem Vorhaben stören, denn schließlich möchte er ja später nicht auf einem Foto erkannt werden.

Auf Waffen gleich welcher Art sollte das Kind jedoch verzichten, denn einerseits könnte dies den Angreifer weiter provozieren oder seine Taten sogar legitimieren („Wenn sogar mein Opfer eine Waffe benutzt, darf ich das ja wohl auch"), andererseits kann die eigene Waffe (auch ein Abwehrspray) schnell gegen einen selbst gerichtet werden.

8. Vermeide Körperkontakt!

Ist Ihr Kind selbst in eine gewalttätige Auseinandersetzung verwickelt, ist dieser Rat nur schwer zu befolgen, denn schließlich hat es der Angreifer ja darauf abgesehen, Ihr Kind zu schlagen. Bevor es aber zurückschlägt und die Situation somit zu eskalierend droht, ist es ratsam, weitere Möglichkeiten des Handelns (z. B. weglaufen, Hilfe holen, mit Worten deeskalieren etc.) abzuwägen. Greift Ihr Kind als Außenstehender in eine Auseinandersetzung ein, sollte es die Situation ebenfalls durch Worte zu entschärfen versuchen, ohne den Angreifer zu berühren.

9. Sei überraschend!

Ihr Kind kann eine Gefahrensituation entschärfen, indem es etwas Unerwartetes tut und den Angreifer dadurch überrascht, dass er eigentlich eine andere Reaktion erwartet hätte. So kann es z. B. laut „Feuer! Es brennt!" rufen. Dadurch fühlen sich auch Passanten angesprochen, weil sie um ihre eigene Gesundheit fürchten.

10. Rufe Hilfe hinzu!

Häufig beobachten andere Personen die Auseinandersetzung oder haben zumindest etwas von ihr mitbekommen. Ihr Kind soll sich nicht an die gesamte Gruppe wenden („Hilft mir denn niemand?"), sondern gezielt eine oder zwei Personen aus der Gruppe ansprechen: „Sie helfen mir bitte, die Jungen auseinanderzuhalten, und Sie rufen bitte die Polizei!"

10 Gebote für den Umgang mit rechtsextremer Gewalt

Die braune Gefahr auf dem Schulhof und darüber hinaus darf nicht unterschätzt werden. Sprechen Sie mit Ihrem Kind darüber, wie es dieser Art von Gewalt begegnen soll.

1. Schau hin!

Ihr Kind soll rechtsextreme Gewalt und ausländerfeindliche Parolen nicht einfach hinnehmen oder wegsehen. Machen Sie ihm Mut, deutlich zu widersprechen und sich von den Urhebern solcher Äußerungen zu distanzieren.

2. Mach den Mund auf!

Erklären Sie Ihrem Kind, dass es seinen eigenen Standpunkt kundtun soll und dass jeder Flüchtling eine (zumeist) traurige Geschichte hat, die allein ihn dazu bewogen hat, sein Heimatland zu verlassen und als Fremder in unser Land zu kommen.

3. Mach auf Rechtsextremismus aufmerksam!

Ihr Kind sollte sich zuerst an die Lehrerkräfte wenden, wenn rechtsextreme Gedanken an der Schule publik werden. Außerdem kann es (z. B. über die Schülervertretung) regionale Medien darüber in Kenntnis setzen.

4. Ergreife die Initiative!

Ihr Kind kann an der Schule (ebenfalls über die Schülervertretung) Aktionen gegen Fremdenfeindlichkeit ins Leben rufen.

5. Respektiere die Angst vor Unbekanntem!

Rechtsextremismus basiert häufig auf der Angst vor Neuem und Unbekanntem bzw. falscher oder unzureichender Information. Ihr Kind soll solche Ängste (z. B. bei seinen Mitschülern) zwar respektieren, diese aber mit Sachargumenten entkräften.

6. Erstatte Anzeige!

Handelt es sich um rechtsextreme Gewalt und kommen Menschen oder Dinge dabei zu schaden, soll Ihr Kind (eventuell gemeinsam mit Ihnen) Anzeige bei der Polizei erstatten. Dies gilt auch, wenn (verbotene) rechtsextreme Lieder gesungen werden oder Ihr Kind mit Computerspielen mit rechtsextremem Hintergrund in Berührung bekommt.

7. Sei wachsam!

Wenn Ihr Kind Zeuge einer rechtsextremen Auseinandersetzung wird oder bemerkt, dass sich eine Situation zuspitzt, soll es gemäß seinen Möglichkeiten einlenkend und beschwichtigend eingreifen (jedoch ohne sich selbst in Gefahr zu bringen!) oder Hilfe holen.

8. Nimm die Kommunikation auf!

Ihr Kind soll versuchen, sich mit dem Urheber der rechtsextremen Gewalt zu unterhalten, ohne ihn dabei zu provozieren. Dabei kann es ruhig nach den Gründen des Hasses fragen.

9. Höre dem Rechtsradikalen zu!

Ihr Kind kann in eine Kommunikation mit dem Rechtsradikalen einsteigen und Möglichkeiten seines weiteren Handelns daraus ableiten.

10. Vermeide Körperkontakt!
Ihr Kind sollte den Angreifer nicht berühren oder gar schlagen, sondern versuchen, die Situation durch Worte zu entschärfen.

Was kann ich tun, damit mein Kind kein Opfer sexueller Gewalt wird?

In den meisten Fällen testen die Täter im Spiel aus, wie weit sie bei einem Kind gehen können. Hat ein Mädchen bei einer Kissenschlacht nichts dagegen, wenn die Hand des Onkels über ihre Brust fährt? Schubst der Junge den Betreuer entschieden von seinem Oberschenkel? Wie das Kind sich in solchen und ähnlichen Situationen verhält, kann über einen späteren sexuellen Missbrauch entscheiden. Oder anders ausgedrückt: Eine entschiedene Reaktion des Kindes zu gegebener Zeit kann dazu führen, dass der Erwachsene von seinem Vorhaben ablässt.

Dies können Sie erreichen, indem Sie Ihr Kind nicht zu blindem Gehorsam Älteren gegenüber erziehen, sondern es zur Bildung einer eigenen Meinung anleiten. Lassen Sie Ihr Kind stets seine Meinung offen mitteilen und indoktrinieren Sie Regeln und dergleichen nicht von oben herab, sondern besprechen Sie sie stets mit ihm.

Positives Körpergefühl entwickeln Leben Sie Ihrem Kind vor, dass der eigene Körper etwas Schützenswertes und somit Wertvolles ist. Kinder, die ein positives Gefühl zum eigenen Körper entwickelt haben, sind weniger anfällig für sexuelle Übergriffe. Auf der anderen Seite sind Kinder, die von ihren Eltern nur wenig Liebe, Anerkennung und Körperkontakt bekommen, häufiger von sexuellem Missbrauch betroffen.

> Kinder, die ein positives Gefühl zu ihrem Körper haben, sind weniger anfällig für sexuelle Übergriffe.

Sprechen Sie mit Ihrem Kind über den Körper, die Körper- und Geschlechtsteile und verwenden Sie dafür altersgerechte Begriffe. Klären Sie Ihr Kind über sexuelle Fragestellungen auf, und zwar nach Möglichkeit ohne Tabus. Begleiten Sie es auf dem Weg zu einer lust-

und verantwortungsvollen Sexualität. Betonen Sie dabei den schönen, lustvollen Zugang zur körperlichen Nähe, ohne auf sexuellen Missbrauch einzugehen. Auf diese Weise verhindern Sie, dass Ihr Kind Angst oder Unbehagen zur Sexualität entwickelt. Zu einem späteren Zeitpunkt sprechen Sie dann auch das Thema sexuellen Missbrauchs an. Gehen Sie dabei möglichst sachlich und behutsam vor, ohne Ihrem Kind unbegründet Angst zu machen.

Ein Beispiel:
„Ich bin sehr stolz auf dich, weil du schon ganz allein auf dein kleines Schwesterchen aufpassen kannst. Aber es gibt da etwas, das du nicht wissen kannst, und darüber möchte ich mit dir jetzt reden. Es gibt Menschen, die möchten dich überall berühren und vielleicht auch küssen, auch an Stellen, an denen du es nicht möchtest. Dein Bauch vielleicht. Oder deine Scheide/dein Penis. Ich möchte, dass du dann Nein sagst, denn niemand darf dich berühren, wo und wenn du es nicht möchtest, hörst du? Auch keiner, den du kennst.“

||| **Extra-Tipp**

Reden Sie mit Ihrem Kind auch offen über sexuelle Gewalt und körperliche Übergriffe. Sprechen Sie aber keinesfalls ausschließlich über Missbrauch, um zu verhindern, dass das Thema Sexualität mit Ängsten und Vorbehalten behaftet wird.

Nein sagen lernen Leiten Sie Ihr Kind an, Nein zu sagen, wenn es etwas nicht möchte. Verdeutlichen Sie ihm, dass es selbstständig entscheiden kann, was es zulässt und was nicht. Befähigen Sie Ihr Kind z. B. beim Toben mit Ihnen, Grenzen zu setzen und Ihnen zu signalisieren, was ihm Spaß macht und was nicht und wann es nicht mehr möchte. Auf diese Weise erhält Ihr Kind ein Gefühl dafür, wann es welchen Körperkontakt zulassen möchte. Wenn Ihr Kind nicht mehr mit Ihnen toben möchte, akzeptieren Sie dies und hören damit auf. Erklären Sie Ihrem Kind, dass es Zuneigung oder Dank nicht körperlich zeigen muss, wenn es dies nicht möchte. Hier sind Sie das Vorbild für Ihr Kind. Es ist in der Tat entscheidend für die Ausprägung eines Selbstbewusstseins, wie selbstbewusst Sie selbst auftreten (bei Töchtern ist in der Regel die Mutter entscheidend). Erlauben Sie Ihrem Jungen, dass auch er Schwäche und Gefühle zeigen darf, und vergessen Sie Sprüche wie „Ein Indianer kennt keinen Schmerz" oder „Jungen weinen nicht". Häufig leiden Jungen unter dem Anspruch, immer stark sein zu müssen. Dabei sind emotionale und körperliche Zuwendung genauso wichtig für sie wie für Mädchen.

Sprechen Sie mit Ihrem Kind über seine Gefühle und respektieren Sie sie. Fördern Sie das Vertrauen Ihres Kindes in sich selbst und seine Fähigkeiten, indem Sie seine Stärken lobend herausstellen (wenn es sich anbietet).

Verhalten gegenüber Fremden Um Ihr Kind vor möglichen Gefahren in öffentlichen Einrichtungen wie Schulen oder auf der Straße zu schützen, erklären Sie Ihm folgende Verhaltensrichtlinien:

- Lass dich nicht von Fremden in ein Gespräch verwickeln. Geschieht das, wechsle konsequent die Straßenseite oder klingele an einem Haus.
- Steige keinesfalls zu einem Fremden ins Auto, auch nicht, wenn er dir etwas Interessantes zeigen möchte.
- Nimm von Fremden keine Geschenke an.
- Rufe mit deinem Handy (oder in einem Geschäft oder aus einer Telefonzelle) die Polizei an, wenn du dich bedroht fühlst. Präge dir die Notrufnummer 110 gut ein.
- Meide vor allem nach Einbruch der Dunkelheit einsame Gegenden (z.B. Stadtpark oder Feldweg), auch wenn es eine Abkürzung ist.

Ist Ihr Kind schon älter und hält sich in Bars, Kneipen oder Diskotheken auf, soll es stets sein Glas im Blick haben. Nicht selten werden junge Menschen mit sogenannten K.-o.-Tropfen willenlos gemacht, um sie anschließend auszurauben oder zu vergewaltigen.

Was kann ich tun, damit mein Kind nicht zum Amokläufer wird?

Vorkehrungen gegen Amokläufe können im Wesentlichen an der Schule getroffen werden. Um Schüler und Lehrkräfte bei einem möglichen Attentat zu schützen, kann die Zahl der Zugänge zur Schule reduziert werden; nach Schulbeginn sollten sie verschlossen werden, sodass sie von außen nicht mehr geöffnet werden können. Auch eine erhöhte Wachsamkeit und eine Sensibilisierung von Lehrern und Schülern sowie vermehrte Kontrollgänge können dazu beitragen, dass ein geplanter Anschlag frühzeitig erkannt und im Idealfall sogar vereitelt werden kann. Sollten Sie zu Hause Schusswaffen haben, müssen Sie Vorkehrungen treffen, dass Ihr Kind unter keinen Umständen Zugriff darauf hat.

Maßnahmen, die sich ausschließlich auf die Prävention von Amokläufen beziehen, gibt es nicht. Sie können lediglich Bestandteil einer allgemeinen Gewaltprävention sein. Für Sie bedeutet dies, dass Sie die Arbeit der Schule zu Hause unterstützen, indem auch Sie innerhalb der Familie sozialkompetent miteinander umgehen. Außerdem sollten Sie das Selbstbewusstsein Ihres Kindes stärken, etwa indem Sie ihm bereits frühzeitig Aufgaben übertragen, an denen es wachsen kann. Auch die Übertragung von altersgerechter Verantwortung kann das Selbstbewusstsein stärken. Loben Sie Ihr Kind, wenn es angebracht ist, für seine Leistungen in der Schule, für seinen Arbeitseinsatz oder auch für sonstige Dinge, die es gemeistert hat. Verschaffen Sie ihm Erfolgserlebnisse.

Erziehen Sie Ihr Kind so, dass es mit anderen fühlen kann.

Sorgen Sie durch Ihren Erziehungsstil dafür, dass Ihr Kind Empathie entwickelt, also die Fähigkeit, sich in die Situation anderer hineinzuversetzen und mit ihnen zu fühlen. Außerdem muss Ihr Kind lernen, Konflikte zu bewältigen und gewaltfrei zu lösen. Bereits durch das Spiel lernt Ihr Kind den Umgang mit Emotionen und entwickelt Strategien zur Bewältigung von Frustration, Enttäuschung und Versagen.

So helfe ich meinem Kind, wenn es Opfer von Gewalt geworden ist

Kinder, die zu Opfern wurden, brauchen umgehend Hilfe, das ist klar. Doch zunächst einmal müssen Sie herausfinden, was tatsächlich passiert ist. In manchen Fällen trügt nämlich der erste Eindruck.

Wie verhalte ich mich, wenn ich glaube, dass meinem Kind Unrecht oder Gewalt widerfahren ist?

Natürlich sollen Sie Ihr Kind beschützen, wenn es Opfer von Gewalt geworden oder ungerecht behandelt worden ist. Sie sollten sich aber nicht blind vor Ihre Tochter oder Ihren Sohn stellen, ohne die Situation zuvor aus mehreren Perspektiven beleuchtet zu haben.

Ein Beispiel:
Peter kommt aus der Schule nach Hause, sein linkes Auge blau unterlaufen, seine Arme weisen Kratzspuren auf. „Was ist denn mit dir passiert?", will seine Mutter wissen und ahnt die Antwort bereits. „Ich hatte Stress mit den Jungs von der anderen Schule", bestätigt er ihre Befürchtungen, dass ihr Sohn in eine Rangelei geraten ist. Peters Mutter fühlt Mitleid mit ihrem Sohn, nimmt ihn in den Arm und beginnt ihn zu trösten. „Diese Rüpel von der anderen Schule sind doch nur neidisch auf dich. Man sollte sich bei ihrem Schulleiter beschweren." Um Peter auf andere Gedanken zu bringen, verspricht sie ihm, sein Lieblingsessen zu kochen.

Was löst dieses Verhalten der Mutter in Peter aus? Ist die Einschätzung der Mutter richtig und Peter war wirklich vollkommen unschuldig, fühlt er sich von der Mutter beschützt und verstanden und er weiß, dass er auch bei anderen Problemen auf die zählen kann. Ist Peter aber nicht das Unschuldslamm, für das ihn seine Mutter hält, merkt er, dass seine Mutter ihn auch ungerechtfertigt in Schutz nimmt, und er weiß, dass er ihr sozusagen alles verkaufen kann. Deshalb wird er sich beim nächsten Konflikt wieder als unschuldig darstellen.

Dieses Beispiel zeigt, dass Sie nicht sofort emotionsgeladen auf eine solche Situation reagieren sollten. Sagen Sie Ihrem Kind vielmehr, dass das, was auf dem Heimweg passiert ist, schrecklich ist, und bieten Sie ihm an, gemeinsam mit ihm und den anderen Beteiligten zum Schulleiter zu gehen und den Vorfall zu klären.

Was muss ich tun und veranlassen, wenn meinem Kind Unrecht oder Gewalt widerfahren ist?

Wenn Sie sicher sind, dass Ihr Kind Opfer von Gewalt wurde, müssen Sie aktiv werden. Ist Ihr Kind Opfer einer Straftat geworden, wird es an der Schule gemobbt oder sieht es keinen Ausweg mehr aus seiner Lage, ist rasche Hilfe nötig. Es darf sich in diesen Momenten nicht hilflos und alleingelassen fühlen. Daneben müssen Sie den Vorfall auch publik machen.

Die Schule informieren Handeln Sie umgehend. Sprechen Sie sofort mit dem Klassenlehrer und melden Sie den Vorfall der Schulleitung. Geht der (mutmaßliche) Täter nicht in dieselbe Klasse, informieren Sie auch seinen Klassenlehrer. Ist der Täter ein Schüler einer anderen Schule, erkundigen Sie sich (z. B. bei Zeugen) nach seinem Namen und dem der Schule und informieren Sie auch den dortigen Schulleiter über den Vorfall. Sie können auch den Leiter der Schule Ihres Kindes dazu auffordern, dies zu tun.

Das Gespräch suchen Suchen Sie weitere Unterstützung an der Schule, etwa durch den Elternbeirat oder den Beratungs- bzw. Vertrauenslehrer. Nehmen Sie auch zu anderen Eltern Kontakt auf. Wie schätzen sie die Situation in der Klasse oder auf dem Schulhof ein? Häufig ist es sinnvoll, in einem offenen Gespräch mit allen Beteiligten sowie dem bzw. den Klassenlehrern die Hintergründe der Gewalt zu ergründen. Hören Sie beide Konfliktparteien an und versuchen Sie Antworten auf diese Fragen zu finden:

- Handelt es sich um ein harmloses Kräftemessen bzw. eine Rangelei ohne tieferen Hintergrund?
- Ist eine als verbale Gewalt aufgefasste Bemerkung lediglich „herausgerutscht" oder war sie böswillig platziert?
- Ist die geäußerte Gewalt nur eine Reaktion auf eine zuvor ausgeübte Tat des jetzigen Opfers?
- Handelt es sich um strafbare Handlungen (Erpressung, Diebstahl)?

Bleiben Sie im Gespräch objektiv und verdächtigen Sie niemanden, ohne dafür Beweise zu haben. Wägen Sie vorher genau ab, was nachprüfbar geschehen ist und wobei es sich eher um das subjektive Empfinden Ihres Kindes oder von Ihnen selbst handelt.

Treffen Sie anschließend klare Absprachen zwischen allen Beteiligten und halten Sie sie möglichst schriftlich fest. Die beschlossenen Maßnahmen müssen in jedem Fall überprüfbar sein; halten Sie eine Ergebniskontrolle im Gespräch fest.

Abhängig vom Zustand Ihres Kindes und von der Art der Gewalt, die ihm widerfahren ist, müssen Sie professionelle Hilfe in Anspruch nehmen.

Anzeige erstatten Bei schweren Auseinandersetzungen, z. B. wenn Ihr Kind verletzt, erpresst oder bestohlen wurde, scheuen Sie nicht davor zurück, sofort Anzeige zu erstatten. Dies können Sie bei jeder Polizeidienststelle tun.

Wo finde ich professionelle Hilfe für mein Kind?

Bei verschiedenen professionellen Anlaufstellen kann man Ihnen und Ihrem Kind helfen. Bei allen Hilfsangeboten ist es stets möglich, sofern Sie dies wünschen, anonym zu bleiben.

Kriminalpolizeiliche Beratungsstellen Über die örtlichen Polizeidienststellen hinaus sind auch die Kriminalpolizeilichen Beratungsstellen als erste Anlaufstelle geeignet. Sie nehmen den Vorfall nicht nur auf und leiten Sie an zuständige Stellen weiter, sondern bieten selbst Beratung an. Wenden Sie sich an die zuständige Behörde in Ihrem Bundesland. Die Adressen finden Sie im Anhang.

Jugendamt Unter Umständen kann Ihnen das Jugendamt direkt weiterhelfen oder es wird Sie an eine geeignete Beratungsstelle verweisen. Die Telefonnummer des Jugendamts finden Sie im örtlichen Telefonbuch unter den Rubriken „Stadtverwaltung" oder „Kreisverwaltung".

Schulpsychologischer Dienst Der schulpsychologische Dienst Ihres Schulamtsbezirks (Anfrage über das betreffende staatliche Schulamt bzw. die Bezirksregierung; Ihr Schulleiter hilft Ihnen dabei) bietet Therapien und andere Hilfestellungen an, damit Ihr Kind seine traumatische Erfahrung verarbeiten kann.

Weitere regionale Anlaufstellen Zu den weiteren möglichen Ansprechpartnern in Ihrer Region zählen

- Sozialer Dienst
- Kinderschutzbund
- Erziehungsberatung
- Beratungsstellen der Kirchen
- Pro Familia
- Psychologische Beratungsstelle
- die Frauenbeauftragte

Sollten Sie einen Rechtsbeistand benötigen, finden Sie eine Auswahl geeigneter und auf dem Gebiet des Jugendstrafrechts spezialisierter Rechtsanwälte unter www.anwaltauskunft.de.

Beratungsgespräche Befindet sich Ihr Kind einem psychotraumatischen Zustand, verschafft ein Gespräch bei speziell für traumatisierte Opfer einer Gewalttat ausgebildeten Ärzten oder Psychotherapeuten Ihnen und Ihrem Kind einen Überblick über notwendige, auch psychotherapeutische Maßnahmen im Umgang mit den seelischen Folgen des Traumas. Dies ist insbesondere wichtig, um Spätfolgen (z. B. durch Verdrängung) auszuschließen und dem Kind in absehbarer Zeit wieder ein annähernd normales Leben zu ermöglichen.

Selbsthilfegruppen Wie für Alkohol gibt es auch Selbsthilfegruppen beispielsweise für Opfer von Mobbing. Informationen und Kontaktmöglichkeiten für Ihre Region erhalten Sie im Internet (z. B. unter dem Suchbegriff „Selbsthilfegruppe Mobbing Stuttgart"). Bevor Sie eine Maßnahme zur Selbsthilfe in Anspruch nehmen, sollten Sie aber in jedem Fall ärztlichen bzw. psychologischen Rat einholen.

Bundesweite Hilfsangebote Auch eine Reihe von überregionalen Einrichtungen wie das Kinder- und Jugendtelefon, das Elterntelefon und der Weiße Ring bieten Ihnen und Ihrem Kind weitere Unterstützung. Zögern Sie nicht, im Bedarfsfall um professionelle Hilfe zu bitten. Die Kontaktadressen und weitere Informationen dazu finden Sie im Anhang.

Was kann ich tun, wenn mein Kind gemobbt wird?

Ansprechpartner suchen Zunächst einmal: Seien Sie ein guter Ansprechpartner für Ihr Kind und stehen Sie ihm mit einem stets offenen Ohr zur Seite. Ist Ihr Kind Opfer von Mobbing geworden, benötigt es unbedingt Unterstützung von außen – durch Sie, den Vertrauenslehrer oder weitere professionelle Helfer, denn Mobbingopfer können sich meist nicht mehr selbst wehren.

Ermutigen Sie Ihr Kind, sich an eine Person seines Vertrauens zu wenden, die helfen kann. Dies kann der erwähnte Vertrauenslehrer sein, aber auch der Klassenlehrer oder ein besonders beliebter Fachlehrer, der Ihr Kind nicht zwangsläufig unterrichten muss. Auch Schulpsychologen geben Hilfestellung; die Adressen und Telefonnummern der für die Schule Ihres Kindes zuständigen Ansprechpartner erfahren Sie über die Schulleitung bzw. das Schulamt oder die Bezirksregierung.

Die Vertrauensperson muss nicht unbedingt aus dem schulischen Umfeld stammen; auch Freunde oder Verwandte können helfen. Eine Hilfe können auch Internetforen zum Thema sein, auf denen Ihr Kind und Sie sich mit anderen Betroffenen austauschen können.

Erklären Sie Ihrem Kind, dass es sich keinesfalls schämen muss, nur weil es gemobbt wird. Ihr Kind darf keine Angst haben, als Verräter und Petzer dazustehen und dann noch mehr Repressalien ausgesetzt zu sein.

Die Schule einbeziehen Sprechen Sie mit den Lehrern Ihres Kindes und bitten Sie nachdrücklich darum, eventuell auch im Beisein der Schulleitung, dass Mobbingopfer geschützt und unterstützt werden. Die Täter sollten klar und eindeutig zur Rede gestellt und aktiv in den Lösungsprozess mit einbezogen werden, etwa durch Mediationsverfahren. Wird Ihr Kind von Mitschülern gemobbt, hilft es wenig, die Täter zu ermahnen oder Ihr Kind sogar aus der Schule zu nehmen. Mobbing muss Thema in der Klasse und der Schule werden. Der Konflikt muss ausgetragen werden.

Wenden Sie sich bei Bedarf an den Schulelternbeirat. Vermeiden Sie aber, den Lehrkräften oder der Schule die Verantwortung zuzuschieben oder für das Mobbing verantwortlich zu machen. Derartige Schuldzuweisungen verschlechtern lediglich das Kommunikationsklima und behindern die weitere Arbeit im Sinne Ihres Kindes. Schildern Sie den Lehrern vielmehr sachlich die Situation, und entwerfen Sie gemeinsam eine Strategie, wie Ihrem Kind geholfen werden kann. Scheuen Sie auch nicht davor zurück, nach einer gewissen Zeit zu überprüfen, ob etwas von der Schule unternommen wurde.

> **Suchen Sie das Gespräch mit der Schule, aber vermeiden Sie Schuldzuweisungen.**

Ziehen Sie weitere Personen aus dem schulischen Umfeld hinzu und machen Sie das Problem an der Schule transparent. Gemeinsames Handeln erzielt eine größere Wirkung als eine Einzelaktion in der

Klasse Ihres Kindes. Das Hauptanliegen der dabei ins Auge gefassten Maßnahmen und Aktionen sollte allerdings nicht nur die Reaktion auf bereits existente Vorfälle sein, sondern vor allem die Vorbeugung von Gewalt.

In schweren Fällen beziehen Sie auch das Jugendamt oder die Erziehungsberatungsstelle in Ihrer Region ein und setzen diese über die Vorfälle in Kenntnis.

Lassen Sie Ihr Kind jede Aktion, und zwar sowohl die aktive als auch die stumme Form des Mobbings, protokollieren.

Warnsignale erkennen Seien Sie sensibel für erste Warnsignale (siehe Abschnitt „Früher wurde gehänselt") und nehmen Sie diese ernst. Reden Sie mit Ihrem Kind darüber, wenn es morgens häufig Magenschmerzen hat, überhaupt nicht mehr in die Schule gehen mag oder nachts wegen Albträumen aufwacht. Vermeiden Sie aber möglichst, dass Mobbing zum Gesprächsthema Nummer eins wird. Machen Sie Ihrem Kind keine Vorwürfe, sondern sichern Sie ihm vielmehr Ihre Unterstützung zu.

Helfen Sie Ihrem Kind, moralischen und menschlichen Rückhalt bei Verbündeten in der Klasse oder in anderen Klassen zu suchen. Diese sollen allerdings nicht aus Mitleid gewonnen werden, sondern aus freien Stücken und aus Freundschaft zu Ihrem Kind halten.

Setzen Sie sich keinesfalls mit den Eltern des Täters in Verbindung, denn dies könnte die Situation an der Schule weiter verschlimmern. So könnte sich deren Kind an Ihrem für die häusliche Bestrafung rächen wollen. Nehmen Sie auch keinen direkten Kontakt mit dem Mobber auf, denn dann könnten er und andere Schüler das Gefühl bekommen, Ihr Kind könne sich nicht allein zur Wehr setzen, was wiederum seine Situation verschlimmern würde.

Vorbeugen Lehren Sie Ihr Kind, offen und fair mit Problemen umzugehen und Konfrontationen und Streit nicht aus dem Weg zu gehen, sondern vielmehr konstruktiv zu streiten. Bringen Sie ihm ferner

Toleranz bei und die Fähigkeit, sich auf andere Menschen einzulassen, die vielleicht nicht in das eigene Denkschema passen. Auf diese Weise beugen Sie sowohl der Gefahr vor, dass Ihr Kind zum Mobbingopfer wird, als auch der, dass Ihr Kind zum Täter avanciert.

||| **Auf einen Blick**

- Achten Sie auf erste Warnsignale.
- Hören Sie Ihrem Kind aufmerksam zu.
- Suchen Sie Ansprechpartner und Hilfe von außen.
- Ziehen Sie notfalls das Jugendamt oder die Erziehungsberatungsstelle hinzu.
- Wenden Sie sich an die Schule und machen Sie das Mobbing zum Thema.
- Setzen Sie sich nicht mit dem Täter oder seinen Eltern in Verbindung.

Wie helfe ich mit meinem Kind, wenn es sexuell missbraucht wurde?

Nehmen Sie Äußerungen Ihres Kindes ernst, wenn es z. B. nicht mehr zur Nachhilfe möchte, weil „der Herr Sonnabend blöd ist" oder sich vehement wehrt, insbesondere wenn Sie bereits andere Auffälligkeiten festgestellt haben. Fragen Sie Ihr Kind in diesen Fällen nach den Gründen („Was macht denn der Herr Sonnabend, dass du ihn blöd findest?" oder „Warum möchtest du denn nicht, dass wir zu Onkel Heini fahren?").

Auf diese Weise ermöglichen Sie Ihrem Kind, sich zur Sache zu äußern und vielleicht doch das herauszulassen, was es die ganze Zeit bedrückt hat. Verwenden Sie aber keine Suggestivfragen, die die Antwort des Kindes bereits vorwegnehmen und die Unterhaltung in eine bestimmte Richtung drängen wollen. Also lieber nicht: „Sag mal, fasst dich Herr Sonnabend komisch an?"

||| **Auf einen Blick**

- Versuchen Sie, die Situation aus der Sicht Ihres Kindes zu betrachten.
- Bleiben Sie ruhig und sachlich.
- Vermitteln Sie Ihrem Kind das Gefühl, dass Sie es verstehen.
- Erklären Sie Ihrem Kind, dass es selbst keine Schuld oder Verantwortung an dem Vorfall trägt.
- Bohren Sie nicht nach, sondern lassen Sie Ihr Kind frei erzählen.
- Schenken Sie Ihrem Kind Ihre ganze Aufmerksamkeit und fragen Sie nach, wenn Sie etwas nicht verstanden haben.
- Unterbrechen Sie nicht.
- Vermeiden Sie Suggestivfragen.
- Üben Sie keinen Druck auf Ihr Kind aus. („Du musst mir alles sagen!")
- Vermeiden Sie Warum-Fragen.
- Erläutern Sie Ihrem Kind die weiteren Schritte.
- Sagen Sie ihm, dass Sie alles erdenklich Mögliche dafür tun werden, dass Ihr Kind so etwas Schreckliches nicht noch einmal erleben muss.

Nehmen Sie sich Zeit für Ihr Kind, um mit ihm über alle Erlebnisse sprechen zu können. Hören Sie ihm offen und interessiert zu, und sprechen Sie konkret an, wenn Ihnen etwas an Ihrem Kind auffällt. Vertrauen Sie dabei Ihrem Gefühl, wenn Sie den Eindruck haben, dass etwas nicht stimmt.

Stellen Sie keine vorwurfsvollen Fragen. „Warum hast du dich denn nicht gewehrt?" beispielsweise vermittelt Ihrem Kind den Eindruck, es trage selbst Schuld an seiner Situation. Zeigen Sie Ihrem Kind, dass Sie seine Gefühle ernst nehmen und dass es sich keine Vorwürfe zu machen braucht. Sagen Sie ihm auch, dass Sie es genauso lieb haben wie vorher. Suchen Sie aber auch nicht die Schuld bei sich, weil Sie die Gefahr nicht haben kommen sehen.

Sagen Sie Ihrem Kind, dass Sie es genauso lieb haben wie vorher.

Professionelle Hilfe Nehmen Sie professionelle Hilfe in Anspruch und lassen Sie sich beraten. Eine erste Anlaufstelle kann das Jugendamt sein. Haben Sie keine Angst davor, dass Ihr Kind automatisch in einem Heim untergebracht wird. Erkundigen Sie sich auch, welche (juristischen) Schritte Sie zum Schutz Ihres Kindes und zur Vorbeugung möglicher Übergriffe auf weitere Personen unternehmen sollten. Erstatten Sie Anzeige.

Um psychische Langzeitschäden für Ihr Kind weitestgehend einzuschränken, ist es unerlässlich, dass Sie unverzüglich kinder- und jugendpsychiatrische bzw. -psychotherapeutische Hilfe in Anspruch nehmen, bei Bedarf auch medizinische. Ansprechpartner sind Ihr Hausarzt, das Jugendamt sowie die im Anhang genannten Anlaufstellen und Internetadressen. Hier erhalten Sie Anschriften und weitere Informationen über Ansprechpartner in Ihrer Nähe.

Wie helfe ich meinem Kind, mit der erlittenen Gewalt fertigzuwerden?

Mit den folgenden Empfehlungen können Sie Ihrem Sohn oder Ihrer Tochter helfen, die erlittene Gewalt zu verarbeiten und wieder in ein normales Leben zurückzufinden, unabhängig davon, welche Art von Gewalt ihr oder ihm widerfahren ist.

Hilfe zur Selbsthilfe Denselben Effekt wie in einer Selbsthilfegruppe erzielen Sie, wenn Ihr Kind Gespräche mit Personen führt, denen es vertraut. Dies können Verwandte sein oder auch ein Lehrer seines Vertrauens. Selbsthilfe meint aber auch, selbst mit dem erlebten Ereignis fertigzuwerden, etwa indem Ihr Kind die angestaute Wut und Aggression durch sportliche Betätigung wie Jogging abarbeitet und so ein Ventil dafür findet.

Rückzug Auch ein Rückzugsraum kann helfen, selbst wieder Herr der Lage zu werden und Ängste und Aggressionen im Zusammenhang mit der Tat in den Hintergrund rücken zu lassen. Ein solcher Raum kann überall zu finden sein; wichtig ist, dass sich Ihr Kind dort wirklich vollkommen geborgen und sicher fühlt und damit nur positive Gedanken und Gefühle verbindet. Außerdem muss dieser Ort in erreichbarer Nähe sein, damit das Kind ihn immer dann aufsuchen kann, wenn Angst oder Wut aufzukeimen droht.

Entspannung Entspannungsübungen, Meditation und autogenes Training können ebenfalls helfen, das Geschehene zu bewältigen und Ängste sowie Aggressionen abzubauen. Darüber hinaus sollte Ihr Kind versuchen, möglichst rasch seine gewohnten Tätigkeiten und Hobbys wieder aufzunehmen, um in ein gewohntes Umfeld und einen echten Alltag zurückzukehren.

Zuhören und darüber reden Nehmen Sie sich viel Zeit und Geduld für die Ängste, Sorgen und Aggressionen Ihres Kindes. Haben Sie ein offenes Ohr und zeigen Sie Verständnis für seine Situation und die seelischen Verletzungen, die es durch die Tat erlitten hat. Reagieren Sie auf das Problem Ihres Kindes eindeutig, schnell und konsequent. Reden Sie mit ihm offen über die Tat und versuchen Sie, Gründe und Hintergründe herauszubekommen. Warum ist gerade Ihr Kind nach seiner eigenen Auffassung zum Opfer geworden?

Zurück zum Alltag Bestärken Sie Ihre Tochter oder Ihren Sohn darin, allerdings ohne Druck oder Zwang, möglichst rasch wieder in die Klasse zurückzukehren und den normalen Alltag wieder aufzunehmen. Beseitigen Sie, eventuell gemeinsam mit dem Klassenlehrer, etwaige Hemmschwellen. Nur wenn es gar nicht anders geht und alle anderen Alternativen in Erwägung gezogen wurden, sollten Sie über einen Wechsel der Klasse bzw. der Schule nachdenken.

Aggression 2.0.
Gewalt im Internetzeitalter

Ein 15-jähriges Mädchen wurde in ihrem Elternhaus mit mindestens zwölf Messerstichen getötet. Über das Internet soll der 19-jährige Täter erfahren haben, dass das Mädchen zur Tatzeit allein zu Hause war. Er hatte sich mehrfach unter Frauennamen wie „Summerbabe" mit Nadine und anderen Mädchen im Netz unterhalten.

Das Internet dient heute nicht mehr nur der Recherche und dem Informationsaustausch, sondern ist zu einem regelrechten „Mitmachnetz" geworden, in dem sich jeder darstellen und verewigen kann. Inhalte, Bilder und ganze Videofilme lassen sich problemlos austauschen, Kontakte aufrechterhalten oder neue Freundschaften finden. Weltweit. Von jedem Ort. Zu jeder Zeit. Ob Fotos von der letzten Party, ein Musikclip oder das Tagebuch der Klassenfahrt – die Kommunikation hat eine neue Dimension erhalten.

Diese Gestaltungsmöglichkeit kommt bei den Heranwachsenden an: Rund zwei Drittel der Internetnutzer produziert täglich oder mehrmals pro Woche eigene Inhalte, die sie dann online anderen Interessenten zur Verfügung stellen. Die Möglichkeiten sind sehr vielfältig. Es gibt unter anderem:

- Blogs, die die herkömmlichen Tagebücher ersetzen
- eine Vielzahl an Chaträumen, in denen miteinander kommuniziert werden kann
- Newsgroups, in denen man sich zu allen erdenklichen Themen mit selbst ernannten Experten austauschen kann
- Onlinecommunitys, in denen sich Gleichgesinnte zu einem Themengebiet austauschen
- soziale Netzwerke, in denen sich Menschen präsentieren, mit Freunden verabreden bzw. neue Freunde finden können

- Instant Messenger, die eine schnelle, unkomplizierte Kommunikation ermöglichen
- Verschmelzungen zwischen Internet und Handy, wie etwa Twitter. Hierbei handelt es sich um eine Möglichkeit, eine Kurzmitteilung (SMS) per Handy an beliebig viele Adressaten gleichzeitig zu versenden. Meldungen über besondere Ereignisse verbreiten sich über Twitter wie ein Lauffeuer, lange bevor eine Pressemeldung abgegeben wird.

Risiken und Nebenwirkungen des Web

Das Web 2.0, als Plattform von allen für alle, bietet also eine Vielzahl neuer, faszinierender Möglichkeiten, die die Kommunikation zwischen Menschen für private oder berufliche Zwecke erheblich vereinfachen. Jeder, der einen Computer mit Internetzugang besitzt, kann und darf mitmachen bei Wikipedia, Youtube, Flickr und Co.

Allerdings bergen diese faszinierenden Möglichkeiten auch eine Reihe von Gefahren und Risiken. Im „neuen" Internet gibt es zahlreiche Angebote zu Themen, die nicht für Kinder und Jugendliche geeignet sind: rechtsradikale Inhalte etwa, aber auch Suizid-Foren, in denen Tipps zur Selbsttötung ausgetauscht werden, oder Foren, die die Magersucht verherrlichen.

Zur Gewalt im Internet zählen unter anderem folgende Angebote:

- Rechtsextremismus
- Pornografie, Prostitution
- Pädophilie
- Betrug/Abzocke
- Datenmissbrauch
- Sucht
- Suggerieren von Beziehungen

- Cybermobbing und Cyberbullying (Beleidigungen, Beschimpfungen, Psychoterror)
- Grooming (Anbahnung eines sexuellen Missbrauchs), sexuelle Belästigungen

Ein großes Problem ist die rechtsextreme Propaganda, mit der radikale Gruppen im Netz eine rassistische Hetzjagd veranstalten und auf Mitgliederfang auch unter Jugendlichen gehen. Auf ihren Seiten werden Aufmärsche und Demonstrationen geplant und angekündigt sowie neonazistische Artikel und rechtsradikale Musik angeboten. Hinzu kommen Seiten, auf denen Gewalt dargestellt und verherrlicht wird. Die Inhalte bestehen aus realen oder gestellten Tötungsszenen, die bewusst schockieren sollen. Die Darstellungen sind zum Teil äußerst brutal, aber dennoch (oder gerade deswegen) bei Jugendlichen sehr beliebt.

Soziale Netzwerke.
Manchmal ganz schön unsozial

Soziale Netzwerke zählen mittlerweile zu den beliebtesten und meistbesuchten Seiten im Internet. Facebook, SchülerVZ, StudiVZ, lokalisten.de oder MySpace bieten Kindern, Jugendlichen und Erwachsenen eine Plattform, auf der sie sich und ihr Leben präsentieren und mit Freunden kommunizieren können. Es sind Millionen von Bildern abrufbar – von Portraits der Nutzer bis hin zu Verewigungen der letzten Partynacht.

Nach der Anmeldung auf der jeweiligen Plattform hat der Nutzer die Möglichkeit, ein eigenes Profil anzulegen. Hier können Angaben zu Hobbys, Musikvorlieben oder Lieblingsbüchern gemacht sowie Fotos oder ganze Videos hochgeladen werden. Jeder, der ebenfalls im Portal angemeldet ist, kann diese Informationen abrufen.

Wo liegt die Gefahr bei Facebook und Co?

Jugendliche tendieren häufig dazu, sich auf ihren Profilen besonders „cool" darzustellen, und berichten ausgiebig vom letzten Alkoholrausch oder sonstigen Abenteuern. Das wissen mittlerweile auch die Personalabteilungen der Unternehmen, die gezielt in sozialen Netzwerken nach solchen Zusatzinformationen über ihre Bewerber Ausschau halten. Hinzu kommt, dass das Internet nicht vergisst. Eine einmal hochgeladene Datei ist nur schwer wieder völlig zu entfernen und lässt sich immer noch in Suchmaschinen finden, wenn der eigentliche Eintrag auch längst gelöscht wurde.

Das Internet vergisst nichts. Deshalb heißt es genau überlegen, was man preisgibt.

Eingestellte Inhalte werden vom Betreiber – wenn überhaupt – nur sehr sporadisch geprüft. Daher besteht hier ganz besonders die Gefahr, dass auch pornografische oder andere, nicht jugendfreie Inhalte angezeigt werden.

Problematisch werden diese Netzwerke vor allem dann, wenn Kinder und Jugendliche allzu viel über sich verraten, etwa persönliche Daten, Telefon- und Handynummer, die E-Mail-Adresse, eigene Instant-Messenger-Nummern, Informationen über Hobbys, Fotos und Filme von sich selbst und von Freunden bzw. der Familie sowie Internet-Tagebücher.

||| Instant Messenger

Instant Messenger vereinfachen die Kommunikation zwischen zwei oder mehr Personen, die zu dieser Unterhaltung mittels einer „Buddy-Liste" (Buddy = Kumpel) eingeladen werden müssen. Für die Teilnahme an diesem Service braucht man ein spezielles Programm, das man aus dem Internet herunterlädt (z. B. ICQ). Da die Kommunikation direkt zwischen den Teilnehmern erfolgt, ohne dass ein Chatbetreiber zwischengeschaltet ist, existieren nur sehr eingeschränkte Möglichkeiten der Filterung und Moderation der Nachrichten.

Cybermobbing.
Wenn Schüler Opfer anonymer Angriffe werden

Megan war 13 und über beide Ohren in eine Internet-Bekanntschaft verliebt. Als ihr virtueller Freund sie plötzlich verschmähte, erhängte sich das Mädchen. Doch der virtuelle Freund war in Wahrheit eine ehemalige Freundin, die sich rächen wollte.

Das Internet bietet nicht nur ungeahnte Möglichkeiten, sich selbst darzustellen, sondern leider auch andere Menschen zu diffamieren, zu beleidigen oder an den virtuellen Pranger zu stellen. Während ein an einem echten Pranger stehender Geächteter allerdings nach einiger Zeit den Marktplatz als freier Mensch wieder verlassen durfte, vergisst der virtuelle Pranger nichts. Alles, was irgendjemand einmal über jemand anderen ins Netz gestellt hat, bleibt für alle Zeit für die ganze Welt abrufbar. Diese elektronische, „moderne" Form des Beleidigens, Bedrohens oder Diffamierens von Personen, meist über einen längeren Zeitraum hinweg, wird als Cybermobbing bzw. Cyberbullying bezeichnet.

Die Opfer werden entweder direkt angeschrieben (z. B. per E-Mail, SMS oder im Chat) oder in sozialen Netzwerken bloßgestellt. Häufig werden hierzu Äußerungen verwendet, die nicht der Wahrheit entsprechen, Zitate gefälscht oder Bilder manipuliert, um der betroffenen Person zu schaden. Meist geschieht dies durch anonyme Täter. Untersuchungen zufolge sind mehr als die Hälfte der Verursacher von Cybermobbing Mitschüler des Opfers, jeder zehnte ist eine Internetbekanntschaft oder ein Freund.

Weil die Täter meist anonym bleiben, weiß das Opfer nicht, wer es angegriffen hat.

Mobbing gibt es an jeder Schule. Neu am Cybermobbing ist aber, dass sich Opfer nirgendwo vor den Angriffen schützen können, da die Neuen Medien immer und überall zugänglich sind. Schläger in der wirklichen Welt stoßen an ihre Grenzen, wenn das Opfer zu Hause oder in der Schule ist; für Cybermobber gibt es diese Grenzen nicht. Ein weiteres Problem ist die Zugänglichkeit der Bloßstellung. Wenn Fritzchen in der Klasse verkündet, dass Anna Popel isst, mag das für Anna schlimm sein, aber eine viel größere Öffentlichkeit als den Klassenverband wird Fritzchen mit seiner Äußerung nicht erzielen. Anders ist es jedoch, wenn er diese Nachricht gezielt in jenem sozialen Netzwerk platziert, in dem sich Anna aufhält. Denn dann kann die Nachricht kopiert, an beliebige weitere Foren weitergeleitet und verändert werden. Auch bleibt der Vorfall länger im Gedächtnis. Während ihn die Klasse schon am nächsten Tag vergessen hat, können Informationen dieser Art im Internet immer wieder an die Öffentlichkeit gelangen und es Anna auf diese Weise schwer machen, darüber hinwegzukommen.

Die Anonymität des Internet verleitet auch zu größerer Aktivität. Während Fritzchen stets befürchten muss, dass sich Anna beim Lehrer über ihn beschwert, hat er im Internet ein leichtes Spiel. Hier baut er sich eine andere Identität auf, die ihn zu Schritten bewegt, die er im realen Leben nicht unternehmen würde.

Was passiert beim Cybermobbing?

Cybermobbing kann über verschiedene Kanäle stattfinden. In Chaträumen beispielsweise können gemeine Botschaften über das Opfer verschickt oder eine Person bewusst ausgegrenzt werden. Auch kann man anonym Bekanntschaft mit dem Opfer schließen, um auf diese Weise an Informationen über es zu gelangen, mit denen es anschließend erpresst oder verleumdet werden kann. Auch per E-Mail lassen sich gemeine Nachrichten versenden, unter Umständen auch über eine falsche Adresse.

In sozialen Netzwerken können Bilder oder Videos über die betroffene Person hochgeladen werden, die sie in ein schlechtes Licht rücken. Diese Dateien können auch gefälscht worden sein. Darüber hinaus können böse Kommentare über das Opfer eingestellt oder sich Verbündete in sogenannten Hassgruppen zusammenfinden, um dann gemeinsam gegen das Opfer vorzugehen. Besonders schlimm ist es, wenn unter dem Namen des Opfers ein eigenes, gefälschtes Profil erstellt wird, das die Person bewusst bloßstellt.

||| § So ist's Recht

Werden Bilder oder Videos über eine Person der Öffentlichkeit zugänglich gemacht (z. B. in sozialen Netzwerken), verstößt dies gegen das Persönlichkeitsrecht und das Recht am eigenen Bild.
Die bewusste Angabe falscher Tatsachen kann strafrechtlich verfolgt werden, da es sich um eine Verleumdung im Sinne der üblen Nachrede handelt.
Härtere Varianten des Cybermobbing, wie beispielsweise Drohung, Erpressung oder Nötigung, sind grundsätzlich Straftaten, die angezeigt werden sollten.

Chaträume.
Alles andere als harmlose Plauderecken

Ein Mann aus der Gemeinde Eigeltingen bei Konstanz soll ein 14-jähriges Mädchen vergewaltigt haben, das er zuvor in einem Internet-Chatroom kennengelernt hat. Vorgestellt hat sich der 50-Jährige als gut aussehender Jüngling.

37 Prozent der 6- bis 13-Jährigen nutzen Chaträume als Kommunikationsmedium; die wenigsten von ihnen werden dabei von einem Elternteil begleitet. 22 Prozent der 6- bis 7-Jährigen und sogar 70 Pro-

zent der 12- bis 13-Jährigen gehen allein oder nur mit Freunden in einen Chatraum. Sechs von zehn 14- bis 15-Jährigen nutzen regelmäßig Chats.

In den Chatrooms können beliebig viele Internetteilnehmer eine Unterhaltung führen. Während man per E-Mail lediglich einige Ansprechpartner erreicht, kann man hier über die Tastatur weltweit und in Echtzeit mit einer ungeahnten Anzahl von Nutzern kommunizieren. Gechattet wird völlig anonym: Zwar ist meistens eine Anmeldung erforderlich, eine Überprüfung der angegebenen Identität findet allerdings in der Regel nicht statt. Diese Anonymität schafft die Möglichkeit, in eine andere Rolle zu schlüpfen und ungehemmter zu kommunizieren und zu flirten. Aber genau in dieser Anonymität steckt auch die Gefahr, insbesondere für Kinder und Jugendliche: Mit wem sie genau chatten, wissen sie nicht. So kann „Susi 11" durchaus ein 45-jähriger Familienvater mit unlauteren Absichten sein.

Hinter „Susi 11" kann sich ein 45-jähriger Familienvater verstecken.

Welche Gefahren bestehen in Chaträumen?

Kinder und Jugendliche, die sich in öffentlichen, also für jedermann zugänglichen Chaträumen aufhalten, können konfrontiert werden mit Dingen wie:

- Beschimpfungen
- Beleidigungen
- Sexuelle Belästigungen:
- „Zeig mir mal deine …!"
- „Trägst du schon BHs?"
- „Sitze gerade nackt vor meinem PC und …"
- „Würde dich gerne lecken, Süße!"
- Pornografische Inhalte
- Übergriffe per E-Mail, Telefon und Handy

Häufig spähen Kriminelle über Chaträume auch Objekte für einen geplanten Einbruch aus. Dabei erfahren sie nicht nur die Adresse ihres Opfers, sondern durch geschicktes Nachfragen auch den Zeitpunkt, zu dem sich niemand im Haus aufhält.

Gefährlich kann es für Ihr Kind werden, wenn sich Kontakte oder Treffen in der realen Welt anbahnen. Häufig nennen Pädophile im Chat offen ihr Alter und ihr Anliegen, sodass Ihr Kind dann früh genug die Notbremse ziehen kann. Zwar gibt es den „Jens 18" mit blauen Augen und Wahnsinnskörper, der sich beim Treffen als 53-jähriger Bierbauchträger entpuppt, aber er ist eher eine Seltenheit.

Jugendgewalt durch Computerspiele? So einfach ist es nicht

Computerspiel womöglich für Erfurter Amoklauf verantwortlich!
Zuvor hatte der Täter mit dem Computerspiel „Half Life: Counter Strike" trainiert. Dann beschaffte sich der Sportschütze Waffen, wie sie in dem Spiel verwendet werden, erschoss 16 Menschen und anschließend sich selbst.

Ziel dieses Spiels war und ist es, vom Polizisten über den Passanten bis hin zum Schulmädchen jeden zu erschießen. Offensichtlich verlor der ehemalige Schüler des Erfurter Gutenberg-Gymnasiums durch das häufige Spielen seinen Realitätssinn. Auch Tim K., der Amokläufer an einer Winnender Realschule im Jahr 2009, verbrachte den Vorabend der Tat mit einem sogenannten Killerspiel.

Insbesondere nach Amokläufen an Schulen liefern sich Forscher über das Pro und Contra von Computerspielen und insbesondere den Killerspielen heftige Auseinandersetzungen. Die einen weisen Computer- und Videospielen die Ausbildung von Konfliktlösungsstrategien, Reaktionsschnelligkeit sowie einer Problemlösungskompetenz nach, andere befürchten, dass sie die Emotionsregulation negativ beeinflussen, zur Isolation führen und das Aggressionspotenzial erhöhen. Allerdings haben Forschungen ergeben, dass Gewalt und eine erhöhte Aggression in der Regel mehr als eine Ursache haben und damit nicht ausschließlich auf Computerspiele geschoben werden können. Bedeutsamer sind familiäre Erfahrungen, wenn das Kind etwa von den Erziehungsberechtigten häufig geschlagen wird. Das ändert jedoch nichts daran, dass Sie den PC-Spielen mit einer gesunden Skepsis begegnen sollten.

Gewalt und Aggression haben mehr als eine Ursache.

So schütze ich mein Kind vor Gewalt im Internet

Wie kann mein Kind sicher surfen?

Über gewöhnliche Suchmaschinen hat man problemlos Zugang zu Websites, auf denen Gewalt, Pornografie usw. dargestellt werden. Doch Sie können Ihr Kind schützen:

- Richten Sie Ihrem Kind eine kindgerechte Suchmaschine ein, die nur geeignete Seiten anzeigt, oder nutzen Sie die Möglichkeit einer Favoritenliste.
- Richten Sie gegebenenfalls einen technischen Filter ein, der ungeeignete Seiten nicht anzeigen lässt.
- Besprechen Sie mit Ihrem Kind die Themen Rechtsextremismus, Gewalt und Pornografie, und zeigen Sie ihm die Gefahren auf, die davon ausgehen.
- Seien Sie ein Ansprechpartner für Ihr Kind, falls es dennoch einmal auf eine für ihn unverständliche, bedrohliche oder irritierende Seite stoßen sollte.

Wie kann ich mein Kind in sozialen Netzwerken schützen?

- Weisen Sie es darauf hin, dass es in sozialen Netzwerken keine persönlichen Daten von sich preisgeben darf.
- Machen Sie ihm klar, dass es nahezu unmöglich ist, Seiten oder Informationen aus dem Internet zu löschen. Es sollte nur Dinge preisgeben, die jeder wissen darf.
- Legen Sie sich selbst einen Account im Netzwerk Ihres Kindes an. So sehen Sie, welche Informationen Ihr Kind über sich selbst online gestellt hat.
- Stärken Sie Ihr Kind, sich zur Wehr zu setzen und sich nicht alles gefallen zu lassen. Leiten Sie Ihr Kind an, Möglichkeiten wie eine Beschwerde über aggressives Verhalten eines Teilnehmers zu nutzen, und werden Sie auch selbst aktiv, wenn Ihr Kind Ihnen eine problematische Situation schildert.

Wie lässt sich Cybermobbing verhindern?

Ihr Kind kann darüber hinaus selbst einige Vorkehrungen treffen, um nicht erneut Opfer des „Bullys" zu werden.

- Es kann einen ungewollten Gesprächspartner ignorieren oder sperren, damit er es nicht mehr belästigen kann. Diese Möglichkeit gibt es bei den meisten Netzwerken, Chaträumen und Instant Messengers.
- Geschieht das Mobbing per E-Mail, kann es den Absender als „Spam" kennzeichnen. Eine neue E-Mail von dieser Adresse wird dann vom Computer automatisch aussortiert.
- Genügt dies nicht, sollte es die eigene E-Mail-Adresse ändern. Bei der Weitergabe der neuen Adresse heißt es aber besonders vorsichtig sein, damit der unerwünschte Absender nicht über Umwege davon erfährt.
- Grundsätzlich sollte Ihr Kind nicht auf beleidigende Nachrichten antworten, sondern diese ignorieren, um den Verursacher nicht zu neuen Mitteilungen zu animieren.

Was kann ich gegen Cybermobbing tun?

An erster Stelle steht die Aufklärung. Jugendliche wissen oft nicht, was sie mit einer Bloßstellung eines Mitschülers im Internet anrichten können. Für sie ist es häufig nur ein Streich, um jemandem kurzfristig „eins auszuwischen". Sprechen Sie daher mit Ihrem Kind über die Konsequenzen, die Cybermobbing für das Opfer haben kann. Die Schule Ihres Kindes kann ein Ansprechpartner sein und Hilfestellung geben.

Ist Ihr Kind zum Opfer geworden, stehen Sie ihm als Ansprechpartner und Zuhörer zur Seite. Wenden Sie sich an die Schule, sofern es sich bei dem Täter um einen Mitschüler handelt. Bestehen Sie darauf, dass das Verhalten Konsequenzen nach sich ziehen muss und nicht als harmloser Schülerstreich abgetan werden darf. Melden Sie den Vorfall dem betreffenden Service-Anbieter (z. B. dem Betreiber des Netzwerkes). In schweren Fällen (etwa bei einer akuten Bedrohung) wenden Sie sich an die Polizei und erstatten Sie gegebenenfalls Anzeige. Zur Beweisführung sollten Sie sich Kopien der Nachrichten bzw. des gesamten Vorfalls anlegen.

Wie kann ich gute Chaträume von schlechten unterscheiden?

Schauen Sie sich den Chatraum, den Ihr Kind besuchen möchte, in Ruhe an. Erkundigen Sie sich auf der Seite des Anbieters nach Sicherheitseinstellungen. Können unerwünschte Gesprächspartner geblockt werden? Welche Regeln für die Nutzung des Chats existieren? Gibt es Moderatoren, die eingreifen? Bei welchen Verstößen tun sie dies? Welche Sanktionen gibt es für Regelverstöße? Gute Chatrooms lassen alle Eingaben vor der Freischaltung von einem Moderator lesen; nur geeignete Inhalte werden weitergeleitet bzw. angezeigt.

Wie schütze ich mein Kind in Chaträumen?

Lassen Sie insbesondere jüngere Kinder nicht an einem offenen Chat teilnehmen, sondern suchen Sie ein moderiertes, kindgerechtes Angebot aus (siehe „Chaträume für Kinder und Jugendliche" im Anhang).

Lassen Sie Ihr Kind zumindest zu Beginn nicht alleine chatten. Surfen Sie gemeinsam mit ihm oder nutzen Sie den Elternzugang, den einige Chaträume bieten; von da aus können Sie die Kommunikation beobachten. Zeigen Sie Interesse für positive und negative Chaterfahrungen und seien Sie jederzeit ansprechbar für Ihr Kind.

Stellen Sie den Computer in Ihrem Sichtfeld auf, wo Sie ab und an einen Blick auf die Aktivitäten Ihres Kindes werfen können.

Verteufeln Sie Chats nicht und verbieten Sie nicht die Nutzung. Verbote sind kontraproduktiv, da sie zum heimlichen Tun führen und einen Vertrauensverlust bewirken. Leiten Sie Ihr Kind vielmehr dazu an, eine gestärkte Haltung zu negativen Äußerungen zu entwickeln und damit umgehen zu lernen. So sollte es mit einem Spruch antworten oder den diffamierenden Chatpartner ignorieren. Vermitteln Sie keine Schuldgefühle.

Achten Sie darauf, dass Ihr Kind zu keiner Zeit seinen richtigen Namen, sein Alter oder andere persönliche Daten wie E-Mail-Adresse oder Telefonnummer angibt und sich zu keinem privaten Treffen mit einem Unbekannten überreden lässt.

Besprechen Sie mit Ihrem Kind die Verhaltensregeln für den Aufenthalt in Chaträumen:

- niemals persönliche Angaben machen
- einen guten Nicknamen wählen
- den Angaben eines Chatpartners gegenüber misstrauisch sein
- sich niemals mit Chatpartnern allein verabreden
- unangenehme Dialoge sofort beenden

Was kann ich tun, wenn es im Chatraum zu einem Vorfall gekommen ist?

Sollte Ihr Kind dennoch während eines Chats belästigt werden, melden Sie den Vorfall beim Moderator bzw. direkt beim Anbieter des Chatraums. In schweren Fällen machen Sie gemeinsam mit Ihrem Kind eine zeitnahe Anzeige bei der Polizei. Notieren Sie sich dazu das Datum und die genaue Uhrzeit des Vorfalls. Beschreiben Sie den Ablauf möglichst detailliert und geben Sie nach Möglichkeit den Nicknamen des Verdächtigen an. Es empfiehlt sich darüber hinaus, den Dialog als Bildschirmfoto zu sichern und als Beweismittel beizufügen. Verwendet Ihr Kind einen Instant Messenger zur Kommunikation, besprechen Sie nachfolgende Verhaltensweisen und Tipps mit ihm.

Ihr Kind sollte
- nur gute, ihm real bekannte Freunde in die Kontaktliste aufnehmen
- Nachrichten von fremden Personen blocken
- die Camera- und Voice-Funktion sowie die öffentliche Statusanzeige ausschalten
- öffentliche Messenger-Profile anonym halten
- Absender ungewollter Nachrichten auf eine Ignore-Liste setzen
- das automatische Speichern des Nachrichtenverlaufs aktivieren

Wie schütze ich mein Kind vor gefährlichen Computerspielen?

Spielregeln Achten Sie auf das Nutzungsverhalten Ihres Kindes. Wenn Sie den Eindruck haben, Computer- und Videospiele nehmen einen Großteil der Freizeit Ihres Kindes in Anspruch, vereinbaren Sie mit ihm Nutzungsregeln (siehe Abschnitt „Spielregeln für die Neuen Medien"). Achten Sie konsequent darauf, dass die vereinbarten Regeln eingehalten werden, und überlegen Sie sich bereits im Vorfeld Konsequenzen bei einer Nichteinhaltung. Äußern Sie keine Drohungen, die Sie nicht einhalten können oder wollen. Wichtig ist auch, dass Sie sich in dieser Hinsicht mit Ihrem Partner einig sind.

Sprechen Sie mit Ihrem Kind konkret über seine Lieblingsspiele. Was genau fasziniert es daran? Worum geht es in dem Spiel, was ist das Ziel? Welche Rolle nimmt Ihr Kind in dem Spiel ein? Warum identifiziert es sich gerade mit dieser Rolle? Nehmen Sie sich Zeit für Gespräche mit Ihrem Kind und zeigen Sie ernsthaftes Interesse an seinen Vorlieben.

Altersfreigabe Achten Sie auch auf die Altersfreigabe und begründen Sie, warum ein Spiel (noch) nicht für Ihr Kind geeignet ist. Ein reines Verbot macht wenig Sinn, da Ihr Kind dann weiterspielt, wenn Sie es nicht mitbekommen (z. B. bei einem Freund). Machen Sie alternative Vorschläge für altersgerechte Computerspiele (siehe unten).

Insbesondere bei Onlinespielen droht die Gefahr, dass Kinder und Jugendliche mit ungeeigneten Inhalten konfrontiert werden, da es aufgrund des unüberschaubaren Angebots in der Regel keine Altersfreigabe für dieses Spielgenre gibt. Schauen Sie sich daher die Spiele an, die Ihr Kind spielen möchte, und lassen Sie sich die Spielzüge und den Inhalt erklären. Spielen Sie zu Anfang gemeinsam mit Ihrem Kind und reden Sie mit ihm über seine Spielerfahrung oder verschaffen Sie sich einen eigenen Zugang, um ein Gefühl für das Spiel zu erhalten.

||| **Extra-Tipp**

Achten Sie bei Onlinespielen auch auf anfallende Kosten. Längst nicht alle Spiele, die sich im Netz herunterladen oder spielen lassen, sind nämlich kostenfrei zugänglich. Vereinbaren Sie mit Ihrem Kind, dass Sie vor Beginn eines Onlinespiels gefragt werden, um sich einen Überblick über das Spiel und möglicherweise anfallende Kosten (in den Allgemeinen Geschäftsbedingungen) verschaffen zu können. Sensibilisieren Sie Ihr Kind dafür, niemals eine Schaltfläche mit „OK" zu bestätigen, ohne Rücksprache mit Ihnen gehalten zu haben.

Wie finde ich geeignete Spiele?

Informieren Sie sich über die Computerspiele, die derzeit im Umlauf sind, und insbesondere über ein mögliches Gewaltpotenzial, das von ihnen ausgeht. Dabei und bei der Entscheidung, welches Spiel eine geeignete Unterhaltung für Ihr Kind ist und welches es eher gefährdet, bieten verschiedene Verbände Unterstützung. Auf den folgenden

Websites etwa finden Sie eine Liste von für Kinder und Jugendliche empfehlenswerten Computerspielen:

www.usk.de (Unterhaltungssoftware Selbstkontrolle)

www.spielbar.de (Interaktive Plattform der Bundeszentrale für politische Bildung zum Thema Computerspiele)

Achten Sie dabei auf die Altersfreigabe der Selbstkontrolle Unterhaltungssoftware (USK), die nach den Richtlinien des Jugendschutzgesetzes erfolgt. Mit folgenden Symbolen müssen seit alle im Handel erhältlichen Computerspiele gekennzeichnet sein:

Sofern Sie Ihrem Kind ein Lernprogramm zur Verfügung stellen möchten, das den Unterricht ergänzen soll, achten Sie darauf, dass es ein selbstbestimmtes, entdeckendes Lernen fördert und nicht etwa aus bloßem Auswendiglernen und Anklicken einer Antwort („Drill and Practice") besteht. Außerdem sollte es eine altersgemäße, spannende oder witzige Handlung haben, die zum Weiterspielen animiert und herausfordert.

||| **Extra-Tipp**

Computerspiele muss man nicht zwangsläufig kaufen. Immer mehr Bibliotheken bieten neben dem klassischen Medium Buch eine Reihe von Computer- und Lernspielen zum Verleih an.

Spielregeln für die Neuen Medien

Ihnen als Mutter oder Vater kommt die Aufgabe zu, Ihr Kind bei seinen Erfahrungen mit den Neuen Medien Internet, Handy und Co zu unterstützen und ihm beratend zur Seite zu stehen. Ihr Kind und Sie selbst müssen sich auf die neuen Herausforderungen und Risiken einstellen, die Ihnen begegnen, und gemeinsam Handlungsalternativen in Gefahrensituationen besprechen.

||| Auf einen Blick

Stellen Sie gemeinsam mit Ihrem Kind folgende Spielregeln für die Nutzung der Neuen Medien auf:

- Vor der Schule, während der Mahlzeiten und vor dem Schlafengehen keine Nutzung des Computers!
- Stets zuerst die Hausaufgaben erledigen. Feste Absprachen erleichtern Ihrem Kind die Planung seines Tages.
- Computer gehören nicht ins Kinderzimmer!
- Geben Sie Anreize für eine alternative, abwechslungsreiche Freizeitgestaltung: Brett- oder Kartenspiele mit Ihnen spielen, Freunde treffen, draußen toben, Fußball spielen, reiten.
- Achten Sie auf die Zeit, die Sie und Ihr Kind vor dem Computer verbringen – sie vergeht schneller, als Sie meinen!
- Wichtig bei allen Empfehlungen ist, dass Sie sie gemeinsam mit Ihrem Kind erörtern und beschließen, denn nur, wenn Ihr Kind ein echtes Verständnis für die Maßnahmen entwickelt, hält es diese auch konsequent ein und nimmt sie als Hilfestellung an, nicht als Gängelung. Drohen Sie keine Strafen an.

Setzen Sie ein Zeitlimit. Im Internet besteht die Gefahr, dass man sich von der Informationsflut mitreißen und sich von einem Link auf den anderen treiben lässt. Für Ihr Kind ist aber auch der direkte soziale Kontakt mit Gleichaltrigen immens wichtig. Schränken Sie daher die Dauer der Computernutzung ein.

Denkbar ist die Vereinbarung fester Zeiten etwa in Form eines Wochenplans. Hierin vermerkt ist eine gewisse Anzahl an Nutzungsstunden, die sich Ihr Kind beliebig einteilen kann, bis das Wochenlimit erreicht ist. Dann kann es über andere Formen der Freizeitbeschäftigung nachdenken. Als Richtwert empfiehlt sich folgende Einteilung:

Wer darf wie lang ins Internet?	
Kinder unter 3 Jahren	Keine Nutzung Neuer Medien!
Vorschulkinder	2–3 Stunden pro Woche
Grundschulkinder	5–6 Stunden pro Woche
Orientierungsstufe (5. bis 6. Klasse)	1–2 Stunden am Tag

Ältere Kinder müssen zunehmend auch Informationen für die Schule recherchieren, Referate vorbereiten und dergleichen, sodass deren wöchentliche Nutzungszeit höher zu bemessen ist. Dennoch sollten auch sie eine angemessene Zeit mit anderen Freizeitaktivitäten verbringen.

Surfen Sie gemeinsam. Lassen Sie Ihr Kind nicht allein, wenn es seine ersten Schritte im Internet wagt. Schauen Sie sich auch später noch nach kindgerechten Seiten um. Für Grundschulkinder genügt es, wenn Sie eine Reihe guter Spiel- und Lernseiten empfehlen und Ihren Browser auf die Anzeige dieser Seiten beschränken. Richten Sie Ihrem Kind dazu auf dem Computer ein eigenes Benutzerkonto ein, dessen Benutzerrechte Sie entsprechend einschränken. Eine Auswahl geeigneter Internetseiten für Kinder finden Sie im Anhang. Stoßen Sie beim gemeinsamen Stöbern im Internet auf weitere, interessante Seiten, können Sie diese dem Benutzerprofil bzw. der Favoritenliste hinzufügen. Verwenden Sie kindgerechte Suchmaschinen (Empfehlungen im Anhang). Diese zeigen lediglich für Kinder geeignete Seiten an und bieten darüber hinaus für Kinder aufbereitete Nachrichten, Spiele und

Informationen. Achten Sie auch darauf, dass die Seiten, die das Kind aufrufen kann, werbefrei sind. Kinder können nämlich noch nicht zwischen kommerziellem und redaktionellem Inhalt unterscheiden. Während jüngere Kinder PC und Internet hauptsächlich zum Spielen benutzen, steigt mit zunehmendem Alter das Interesse an den kommunikativen Möglichkeiten des Internets. Die über Zehnjährigen nutzen zunehmend die E-Mail- und Chatfunktionen. Besonders fasziniert sind sie von sozialen Netzwerken, in denen sie sich selbst präsentieren, flirten oder sich einfach mit Gleichgesinnten über Probleme in der Schule oder mit den Eltern austauschen können. Lassen Sie sich auch von Heranwachsenden zeigen, was sie im World Wide Web machen, ohne ihnen jedoch das Gefühl zu geben, sie würden permanent kontrolliert.

Ältere Kinder sollten nicht das Gefühl haben, dass sie ständig kontrolliert werden.

Haben Sie ein Ohr für die Belange Ihres Kindes. Seien Sie als Ansprechpartner stets da, wenn Ihr Kind Hilfe benötigt oder beim Surfen auf Inhalte stößt, die es nicht versteht oder die es beunruhigen. Ältere Kinder können es als störend empfinden, wenn Mama und Papa immer hinter ihnen stehen. Lassen Sie ihnen dann den Freiraum, den sie brauchen, aber seien Sie trotzdem jederzeit für sie da.

Besprechen Sie mit Ihrem Kind Hintergründe zu verschiedenen Themen, die ihm beim Surfen begegnen können (z. B. die Problematik rechtsextremistischer Propaganda). Sprechen Sie auch über seine persönliche Erfahrungen und die von ihm besuchten Seiten. Was sind seine Motive, gerade diese Seiten bevorzugt zu benutzen?

Fragen Sie bei Bedarf nach und erkundigen Sie sich über problematische Inhalte (z. B. bei www.jugendschutz.net). Hier können Sie auch jugendgefährdende Seiten melden, die dann gegebenenfalls gesperrt werden. Jugendgefährdende Inhalte im Internet können Sie auch bei der Internet-Beschwerdestelle (www.internet-beschwerdestelle. de) melden. Die Beschwerdestelle nimmt Hinweise für alle Internetdienste entgegen (also etwa auch Chaträume, E-Mail-Provider usw.), geht ihnen nach und sorgt gegebenenfalls dafür, dass das betreffende Angebot eingestellt wird.

Lassen Sie Ihr Kind ein Medientagebuch führen. Darin notiert es seine tägliche Mediennutzung, das heißt, wie oft, zu welchem Zeitpunkt und wie lange es welches Medium (Computer, Internet, Videospiele, Fernsehen) nutzt. So erhält es einen Überblick über seinen Medienkonsum und kann ihn überdenken. Auch Sie sehen, welche Medien Ihr Kind gern und intensiv nutzt.

Medientagebuch

Montag	Radio	Fern-sehen	Computer	Zeitung	Buch	Inter-net	Video-spiel	Handy
6–8 Uhr								
8–14 Uhr								
14–18 Uhr								
18–22 Uhr								

In einer ersten „Pilotphase" soll Ihr Kind zwei Wochen lang ein solches Tagebuch führen, dann sprechen Sie mit ihm über sein Medienverhalten. Fragen Sie Ihr Kind, warum es welche Medien nutzt und was es insbesondere daran fasziniert. Sprechen Sie auch über alternative Unterhaltungsformen und machen Sie Anregungen für gemeinsame Aktivitäten (z. B. ein medienfreier Familiensonntag).

Klären Sie Ihr Kind über mögliche Gefahren auf. Zeigen Sie ihm, wie es sich davor schützen kann.

- Es soll keine persönlichen Daten wie Wohnort, Schule oder Handynummer bekannt geben.
- Es darf nicht jedem Chatpartner blind vertrauen. Manche sagen nicht die Wahrheit über sich.
- Es darf niemals Passwörter verraten, damit kein anderer in seine Rolle schlüpfen kann.

- Es muss wissen, dass manche Angebote im Internet kostenpflichtig sind und finanziellen oder materiellen Schaden, etwa durch das automatische Herunterladen von Viren, anrichten können.

Gehen Sie mit gutem Beispiel voran. Dieser Hinweis ist einer der wichtigsten: Was Sie von Ihren Kindern erwarten, müssen Sie auch selbst vorleben. Wenn Sie selbst jede freie Minute im Internet oder am Flimmerkasten verbringen, dürfen Sie sich nicht wundern, wenn Ihr Kind sein Hobby auch nicht draußen im Wald sucht.

Sieben goldene Regeln zur Computer- und Fernsehnutzung

1. Besprechen Sie Nutzungsregeln und kontrollieren Sie die Einhaltung.
Erstellen Sie gemeinsam mit Ihrem Kind einen Plan, in dem die wöchentliche Nutzungsdauer festgelegt wird. Aber: Hausaufgaben oder das Lernen für die nächste Klassenarbeit haben Vorrang!

2. Nutzen Sie die Geräte gemeinsam.
Schauen Sie gemeinsam mit Ihrem Kind fern oder spielen Sie sein Lieblings-Computerspiel mit ihm. Lassen Sie insbesondere jüngere Kinder nicht allein mit ihnen nicht vertrauten Medien und Formaten.

3. Setzen Sie die Medien nicht als Belohnung oder Strafe ein.
Eine Belohnung bzw. Konsequenzen für das Nichteinhalten einer Regel sollten immer im direkten Bezug zum Regelverstoß stehen.

4. Sprechen Sie mit Ihrem Kind über seine Medienerlebnisse.
Haben Sie ein offenes Ohr für die Ängste und Sorgen, aber auch für positive Erfahrungen, die Ihr Kind mit PC und TV gemacht hat.

5. Seien Sie Vorbild.
Limitieren Sie Ihren eigenen Medienkonsum.

6. Suchen Sie das Gespräch mit anderen Eltern.
Tauschen Sie sich hinsichtlich der Mediennutzung mit anderen Eltern aus. Was nützt Ihnen eine strukturierte Medienerziehung und eine geregelte Nutzung, wenn Ihr Kind bei seinen Freunden weiterspielt?

7. Nutzen Sie die Medien kritisch.
Erklären Sie Ihrem Kind den Unterschied zwischen Realität und Fiktion und erläutern Sie ihm den Sinn von Werbung.

Autoaggression und Suizidgedanken.
Kinder, die sich selbst Gewalt antun

Wenn Kinder nicht mehr leben wollen. Selbstmordgefährdung

Liebe Julia,

ich danke dir, dass ich Zeit mit dir verbringen durfte.
Keine Schule wollte mich aufnehmen, und wegen meiner
Vorstrafe hatte ich auch keine Chance, einen Ausbildungsplatz
zu bekommen. Wer nimmt mich schon mit einem beschissenen
Hauptschulabschluss? Auch meine Mutter ist abgehauen.
Zu ihrem neuen Lover. Mir hat sie noch gesagt:
„Aus dir wird sowieso nichts, da kann ich auch gleich gehen."
Mein Leben hat keinen Sinn mehr. Ich wollte immer, dass mal
was aus mir wird. Ich wollte, dass Mama stolz auf mich ist.
Wie du weißt, habe ich meinen Entzug auch beim zweiten Mal
abgebrochen. Alle halten mich für einen dummen Schläger.
Nur du hast immer zu mir gehalten. Die Zeit mit dir war so
toll. Danke dafür. Aber jetzt kann ich einfach nicht mehr.
Ich hoffe so sehr, dass du das verstehst.
Wo auch immer ich sein werde, ich pass auf dich auf,
meine Kleine.

Dein Manuel

Manuel sah nur noch das Schlechte in der Welt und in den Menschen. Er fühlte, dass ihn alle hassten, so sehr er sich auch bemühte. Und am allermeisten hasste ihn seine Mutter, die in ihm nur einen Taugenichts und Schläger sah. Es war ein schöner Sommer, warm und mit viel Sonne. Aber für Manuel gab es keine Farben mehr. Er sah nur noch diese Grautöne, die von Woche zu Woche dunkler wurden, bis aus ihnen ein schwarzes Loch wurde.

Manuel schaffte es nicht mehr, sich aus diesem Loch zu befreien. Er ignorierte seine Freunde, ging auf keine Partys mehr und nur noch selten in die Schule. Den einzigen Kontakt, den er zur Außenwelt pflegte, war der zu Julia. Gefühlt hat sie schon lange, dass sich Manuel verändert hat. Dass es aber so schlimm um ihn stand, davon hatte sie nicht die Spur einer Ahnung. Manuel war extremst depressiv, und niemand hatte es mitbekommen. Seine Mutter nicht, seine Freundin nicht und er selbst ebenfalls nicht.

Manuel war 16, als er sich das Leben nahm – das Leben, das er noch ganz und gar vor sich hatte. Er wollte es nicht mehr.

Zahlen und Hintergründe

Manuel ist einer von rund 700 Menschen unter 25, die sich jährlich in Deutschland das Leben nehmen. Die Dunkelziffer ist aber weitaus höher, da viele Suizide nicht gemeldet werden. Weitere 14 000 Versuche kommen hinzu. Im Jahr. Statistisch gesehen bedeutet dies, dass jeden Tag etwa 38 Kinder und Jugendliche sich selbst zu töten versuchen. Damit ist Suizid bei Jugendlichen die zweithäufigste unnatürliche Todesursache nach dem Unfalltod. Suizid und der Versuch der Selbsttötung sind also keineswegs Extremfälle. Sie treten statistisch gesehen in jeder Stadt, in jedem Landkreis, ja sogar an jeder Schule auf.

Die meisten Selbstmorde passieren im Frühjahr und Herbst, und zwar überwiegend montags.

Während tendenziell Mädchen mehr dazu neigen, sich selbst Schaden zuzufügen (siehe folgenden Abschnitt), beenden in der Regel mehr männliche Jugendliche als weibliche ihr Leben vorzeitig selbst. Allerdings versuchen Mädchen dreimal so häufig sich das Leben zu nehmen wie Jungen. Dass den Jungen demnach der Selbstmord besser gelingt, liegt wohl daran, dass sie für gewöhnlich die effektiveren Methoden wählen (z. B. Erhängen oder Erschießen). Mädchen hingegen bevorzugen die übermäßige Einnahme von Tabletten, die potenziellen Rettern noch die Möglichkeit verschaffen, rechtzeitig einzuschreiten.

Neun von zehn Personen versuchen es nach einem missglückten Suizid ein weiteres Mal. 80 Prozent haben ihre Tat zuvor angekündigt – mit Worten, durch einen Brief oder aber auch im Internet.

Folgende Methoden werden von den Heranwachsenden verwendet (Angaben in Prozent):

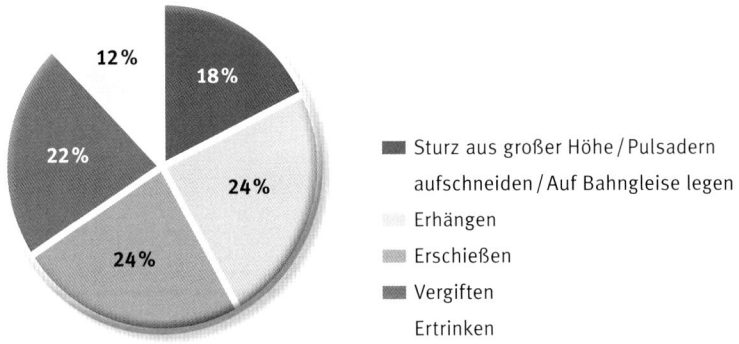

12 %
18 %
22 %
24 %
24 %

■ Sturz aus großer Höhe / Pulsadern
aufschneiden / Auf Bahngleise legen
Erhängen
■ Erschießen
■ Vergiften
Ertrinken

Selbstmordmethoden bei Jugendlichen

Hat mein Kind eine Depression?

Häufig geht dem Selbstmord eine krankhafte Depression voraus. Sie können Sie an folgenden Anzeichen erkennen:

- gedrückte Stimmung
- Stimmungsschwankungen (himmelhoch jauchzend – zu Tode betrübt)

- Appetitlosigkeit
- Reizbarkeit
- innere Leere
- anhaltende, permanente Langeweile
- Vernachlässigung der Kleidung
- allgemeines Desinteresse
- Erschöpfung
- Schlafstörungen
- Rückzug von Freunden
- nachlassendes Interesse an Dingen und Tätigkeiten, die früher viel bedeuteten
- nachlassendes sexuelles Interesse
- Konzentrationsschwierigkeiten
- Verschlechterung der Schulnoten
- Minderwertigkeitsgefühle
- Schuldgefühle
- Gedanken an den Tod

20 Prozent der Deutschen leiden mindestens einmal in ihrem Leben an einer Depression; weltweit sind es 340 Millionen Menschen. Rund die Hälfte von ihnen unternimmt während der depressiven Phase einen Selbstmordversuch.

Warum eine Depression bei manchen Menschen ausbricht und bei manchen nicht, ist wissenschaftlich nicht vollends bewiesen. Äußere wie innere Faktoren können jedoch den Ausbruch dieser Krankheit begünstigen. Hierzu zählen etwa:

- schwere Krankheit oder der Tod von nahestehenden Personen
- der Verlust der festen Freundin bzw. des festen Freundes
- finanzielle Probleme (auch in der Familie)
- Mobbing
- körperliche Erkrankungen
- eine erbliche Veranlagung

Die tatsächliche Ursache ist allerdings häufig bereits in der frühen Kindheit zu finden. Dazu gehören:

- gestörte Familienverhältnisse
- übermäßig autoritäre Erziehung
- ständige Kritik
- Misstrauen
- Vernachlässigung
- zu hohe Leistungserwartungen

Bei einer Depression handelt es sich um eine Stoffwechselstörung des Gehirns. Depressive Menschen besitzen zu wenige Botenstoffe (Transmitter), die für den Transport von Informationen (Glücksgefühl, Trauer usw.) zwischen den Nervenzellen notwendig sind. Ein solcher Mangel wirkt sich auf den Gefühlshaushalt aus und äußert sich in den oben genannten Symptomen.

Die medikamentöse Behandlung mit Antidepressiva gleicht dieses Ungleichgewicht im Gehirn wieder aus, sodass sich der Gefühlszustand des Patienten bessert und ihm die Angst genommen wird. Allerdings beginnen diese Medikamente erst nach einiger Zeit zu wirken, was leider häufig dazu führt, dass sie wieder abgesetzt werden, weil sie „ja eh nichts ändern". Dies ist aber ein Trugschluss.

||| **Achtung!**

Mit Gefühlschaos (vom glücklichsten Menschen auf der Erde zur todtraurigen Elendsgestalt) und depressiven Tendenzen haben viele Jugendliche im Laufe ihrer Pubertät zu kämpfen. Das ist völlig normal und prinzipiell kein Grund zur Beunruhigung. Sobald die hormonellen Veränderungen im Körper des Heranwachsenden überstanden sind, normalisiert sich dieser Zustand in der Regel von ganz allein wieder. Problematisch wird es aber dann, wenn diese negative Stimmung über einen längeren Zeitraum ohne erkennbaren Anlass erhalten bleibt. Dann sollten Sie wachsam sein und aktiv werden.

Gefahr durch Selbstmord-Foren im Internet

Einige Foren werden von größtenteils jungen Menschen dazu genutzt, sich gegenseitig Tipps zur Selbsttötung zu geben. Sie tauschen sich über die sicherste Vorgehensweise und das beste Mittel aus, um aus dem Leben zu scheiden. Insbesondere labile Menschen und solche, die wahrhaftig Suizid begehen wollen, könnten durch den Besuch solcher Seiten Zustimmung für ihr Vorhaben finden und somit weiter dazu angespornt werden.

Ein prominenter Beleg hierfür ist wohl der Freitod einer 17-jährigen Österreicherin und eines 20-jährigen Norwegers, die im Jahr 2000 gemeinsam in einem norwegischen Fjord von einem 600 Meter hohen Kliff sprangen. Kennengelernt hatten sich die beiden in einer Diskussionsgruppe zum Thema Suizid im Internet. Der Norweger hatte in seinen Beiträgen andere Mitglieder des Forums eingeladen, mit ihm Selbstmord zu begehen. Tatsächlich erhielt er Rückmeldungen von mehreren „Bewerbern". Er wählte die Österreicherin aus, die schließlich mit ihm in den Tod sprang.

Ein anderes Problem sind unseriöse Antworten, die Suizidgefährdete von Spaßvögeln in Internetforen erhalten können und die sicherlich keine Hilfe für ihre Situation sind. Im Jahr 2009 schrieb ein Selbstmörder in spe in einem Forum:

04-25-2009, 09:54 PM

Arbeitsloser

Suche Selbstmordtipps!

Ich bin seit Jahren arbeitslos und ich finde einfach keinen Job mehr.

Ich bin nutzlos für meine Familie und nutzlos für die Gesellschaft geworden und ich habe kein Recht zu leben!

Deshalb will ich mich umbringen.

Wie bringe ich mich schnell und schmerzlos um und wird die Versicherung Geld an meine Familie zahlen, wenn ich mich selbst umbringe?

Ich bitte um Tipps!

---

http://meinews.niuz.biz/suche-t382348.html?s=5beea53298e522a62548db33464b4c1d&amp

Ein „Herr Kaiser" beglückwünschte den Verzweifelten daraufhin zur „besten Entscheidung seines Lebens" und gab ihm eine Reihe von zynischen Tipps, wie z. B. „dich im Zoo von einem Löwen verspeisen lassen, auf ein 133-stöckiges Hochhaus gehen und herunterspringen, 500 Rasierklingen aufessen oder dich in Salzsäure baden".

Wenn Kinder sich selbst hassen. Autoaggressives Verhalten

Beim ersten Mal tat es total weh. Ich konnte auch gar nicht hinsehen – irgendwie spürte ich den Drang danach, mir mit der Nagelschere in den Arm zu schneiden. Als dann das Blut zum Vorschein kam, fühlte ich mich besser, irgendwie erleichtert. Wie im Traum. Das Eindringen der Schere in meine Haut fühlte sich so warm an. Beim zweiten und dritten Mal ging es dann auch besser, ich musste nicht mal mehr die Augen zukneifen. Seitdem ritze ich mich fast jeden Tag – nach der Schule, wenn meine Eltern noch nicht zu Hause sind.

Kinder, die sich wie die 14-jährige Jana selbst verletzen, berichten häufig von jenen nur schwer verständlichen Glücksgefühlen, die sie empfinden, wenn sie sich selbst Schmerzen zufügen.

Hintergründe und Arten der Selbstverletzung

Gründe So paradox es klingt, aber der menschliche Körper schüttet bei einer Verletzung sozusagen zum Eigenschutz Glückshormone aus, sogenannte Endorphine, die den Schmerz unterdrücken sollen. Dies geschieht auch bei körperlicher Anstrengung wie etwa sportlichen Aktivitäten oder bei der Geburt. Um die durch die Ausschüttung der Endorphine ausgelösten positiven Gefühle aufrechterhalten zu können, sind – wie bei einer Sucht – immer extremere Selbstverletzungen notwendig, um die gesuchte Befriedigung zu erreichen. Dies äußert sich z. B. in tieferen Schnitten, großflächigeren Verbrennungen usw.

Dieses Glücksgefühl ist der Grund, warum autoaggressive Menschen sich immer wieder selbst verletzen müssen, wenn sie sich in einer negativen bis depressiven Gefühlslage befinden – erst mit ihren spitzen Fingernägeln, dann mit Küchenmessern, Rasierklingen oder scharfkantigen Scherben. Zunächst am Arm, und wenn beide Arme bereits vollständig zerkratzt sind, auch an den Beinen. Auch Verbrennungen, herbeigeführt etwa durch Bügeleisen, Zigaretten oder ein Feuerzeug, sowie Essstörungen zählen zu autoaggressiven Tätigkeiten. Und die Eltern ahnen meist nichts davon.

Jana wusste einfach nicht, wohin mit ihrer Ohnmacht. Als sich vor einem Jahr ihre Eltern scheiden ließen, brach für sie eine Welt zusammen. Was ihr früher Halt und Geborgenheit gab, war mit einem Mal weggebrochen. Sie fühlte sich, als hätte ihr jemand den Boden unter den Füßen weggezogen. Das Ritzen, das Sich-selbst-Verletzen, war für Jana ein stummer Schrei nach Aufmerksamkeit, nach Liebe. Ein Ausweg, Herr ihrer verwirrten Gefühle zu werden. Als ihre Mutter Monate später ihre zerkratzten Unterarme sah, brach für sie eine Welt zusammen. Nie hätte sie gedacht, dass sich Jana so etwas antun könnte.

Ritzen ist oft ein stummer Schrei nach Aufmerksamkeit und Liebe.

Anzeichen Wie Janas Mutter ergeht es vielen Eltern autoaggressiver Kinder und Jugendlicher. Schätzungen zufolge schaffen es rund 25 Prozent aller Betroffenen, ihre selbstverletzenden Tätigkeiten vor der Öffentlichkeit, und insbesondere vor der eigenen Familie, geheim zu halten. Dabei wäre es so wichtig, dass sie bereits im Anfangsstadium Hilfe erhalten, denn Autoaggression birgt ein enormes Suchtpotenzial und kann sogar zu Suizidversuchen führen. Wird autoaggressives Verhalten durch wachsames Wahrnehmen möglicher Anzeichen frühzeitig erkannt und ebenso frühzeitig eine entsprechende Therapie eingeleitet, hat der oder die Jugendliche gute Heilungschancen und es kann verhindert werden, dass das Ritzen chronisch und zur Sucht wird.

Arten Selbstverletzendes Verhalten hat viele Facetten. Die häufigsten sind:

- das Ritzen der Haut an Armen und Beinen sowie weiteren Körperteilen wie Brust, Bauch oder Genitalien
- das Abreißen der Haut an den Fingernägeln
- das Schlagen des Kopfes gegen Wände oder mit der Faust
- das Schlagen mit den Händen gegen Wände
- das Schlagen des eigenen Körpers mit Gegenständen
- das Ausreißen von Haaren
- das Bohren in den Augen mit Gegenständen
- Verbrennungen
- die bewusste Einnahme von giftigen Mitteln
- die bewusste Verätzung des Körpers durch Chemikalien

Häufig verwenden Teenager nicht eine einzige Methode, sich selbst zu verletzen, sondern greifen auf eine Kombination verschiedener Varianten zurück.

Rund 800 000 Menschen in Deutschland haben sich in ihrem Leben mindestens einmal bewusst selbst verletzt, darunter 10 Prozent der 15- bis 16-Jährigen. Mädchen sind hiervon weitaus häufiger betroffen als Jungen, weil sie Aggressionen eher gegen sich selbst richten als Jungen. Mädchen tendieren eher als Jungen dazu, Aggressionen, Wut und Ärger nicht frei herauszulassen, sondern sie in sich hineinzufressen und schließlich, wenn sie nicht mehr weiterwissen, an ihrem eigenen Körper auszulassen.

Auslöser Die Auslöser für ein solches Verhalten sind mannigfaltig, aber meist in familiären Problemen wie Scheidung der Eltern, Schwierigkeiten in der Schule oder mit der (ersten) Liebe oder nach einem Missbrauch zu finden. Auch Mobbing kann autoaggressives Verhalten begünstigen.

Weitere Risikofaktoren, die selbstverletzendes Verhalten begünstigen können, sind etwa:

- mangelndes Selbstwertgefühl
- die Unfähigkeit, Gefühle auszudrücken
- Depressionen
- Panikattacken
- Angstzustände

Zum Ausbruch kommt die Krankheit in den meisten Fällen im Alter zwischen 12 und 15 Jahren – also mitten in der Pubertät. In dieser ohnehin schwierigen Phase kommen durch das selbstverletzende Verhalten Konflikte zum Vorschein, die in der Kindheit nicht ausgetragen werden konnten. Die folgende Grafik zeigt die Altersstruktur der Ritzer.

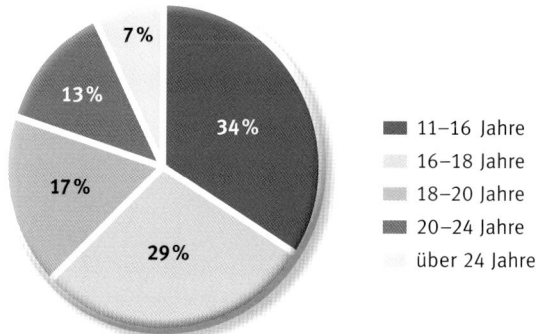

Mit 98 Prozent sind fast alle Ritzer Wiederholungstäter; drei Viertel von ihnen fügen sich sogar mehr als 50-mal selbst Schmerzen zu.

Wie erkenne ich, dass mein Kind ritzt?

Achten Sie genau auf Verhaltensänderungen oder Auffälligkeiten bei Ihrem Kind. Menschen, die sich selbst Wunden zufügen, versuchen diese in aller Regel zu verdecken. Trägt Ihr Kind also auch im Sommer bei extremen Temperaturen lange Kleidung, Pullover oder Jacken, könnte dies ein Anzeichen sein.

Auch wenn Sie Utensilien an dafür nicht vorgesehenen Orten auffinden (z. B. das Brotmesser am Waschbecken oder eine Rasierklinge unter dem Bett), sollten Sie aufmerksam werden.

Weitere Anzeichen für eine Autoaggression könnten sein, dass Ihr Kind häufig verheilte Wunden wieder aufreißt oder sich die Arme wegen angeblicher Mückenstiche blutig kratzt.

So schütze ich mein Kind vor sich selbst

Wie kann ich meinem Kind helfen, wenn es depressiv oder suizidgefährdet ist?

Zuhören Haben Sie die Befürchtung oder stellen Sie fest, dass Ihr Kind depressiv ist oder sich gar mit Selbstmordabsichten trägt, suchen Sie das Gespräch mit ihm und hören Sie ihm zu. Versuchen Sie nicht, vorgefertigte Standardlösungen für seine Situation aufzutischen und ihm gute Ratschläge zu geben („Also, so schlimm ist das doch gar nicht …" oder „Du findest bestimmt bald eine andere, so wie du aussiehst"). Ihr Kind braucht jetzt vielmehr jemanden, der ihm mit voller Aufmerksamkeit zuhört, der es mit seinen Problemen ernst nimmt. Was Suizidgefährdete nicht brauchen, sind Menschen, die sie oder ihre Situation kritisieren und „alles besser wissen".

Gespräche Sprechen Sie mit Ihrem Kind auch über den Selbstmord. Haben Sie dabei keine Angst, Sie könnten es damit erst auf den Gedanken bringen, sich das Leben zu nehmen. Niemand wird sich das Leben nehmen, nur weil Sie ihn darauf angesprochen haben! Das Gegenteil ist nämlich der Fall: Mit Ihnen oder einer Freundin bzw. einem Freund darüber zu sprechen, kann Ihrem Kind helfen, sich mit seinen Problemen ausei-

> **Im Gespräch mit Ihrem Kind sollte das Thema Selbstmord nicht tabu sein.**

nanderzusetzen, und den Wunsch verringern, diesen Problemen mit dem Freitod zu entkommen. Außerdem signalisieren Sie Ihrem Kind dadurch Ihre Bereitschaft, ihm zuzuhören, seine Probleme ernst zu nehmen und ihm helfen zu wollen.

Selbst wenn sich Ihr Kind fest vorgenommen haben sollte, sich das Leben zu nehmen, können Sie es dennoch durch Gespräche und echtes Verständnis für seine Situation und seine Gefühle davon abbringen. Menschen, die Selbstmord begehen wollen, möchten nämlich nicht unbedingt sterben. Sie suchen vielmehr eine Lösung für ihren Konflikt und sind zutiefst hin- und hergerissen zwischen dem Wunsch zu leben und dem Wunsch zu sterben.

Alternative Lösungen Nehmen Sie die Signale Ihres Kindes wahr und ernst. Ein Suizidversuch geschieht nicht ohne Ankündigung und bestimmte Anzeichen (siehe Abschnitt „Wenn Kinder nicht mehr leben wollen"). Fragen Sie Ihr Kind direkt danach, ob es schon einmal über den Tod nachgedacht hat und darüber, den Zeitpunkt selbst zu bestimmen. Reden Sie Ihrem Kind eine etwaige Absicht, Suizid zu begehen, nicht einfach aus („Lass doch den Blödsinn, das hat doch keinen Sinn"), sondern suchen Sie vielmehr gemeinsam nach alternativen Auswegen aus der Krise Ihres Kindes.

> Suchen Sie gemeinsam mit Ihrem Kind Auswege aus der Krise.

Vermitteln Sie Ihrem Kind das Gefühl, gebraucht zu werden. Dies gilt insbesondere dann, wenn es das Gefühl hat, dass es nichts wert ist und dass es keinen Platz für ihn in der Welt gibt. Versprechen Sie Ihrem Kind aber nur das, was Sie wirklich ernst meinen und auch einhalten können. Leere Versprechungen und die damit verbundenen Enttäuschungen sind kontraproduktiv.

Hilfe von außen Neben dem Gespräch mit Ihnen benötigt Ihr Kind medizinische bzw. psychologische Hilfe. Medikamente (Antidepressiva) oder eine Therapie bzw. eine Kombination aus beidem können Ihrem Kind helfen, seine depressiven Gefühle in den Griff zu bekommen, und bewirken, dass seine Welt nicht mehr so grau aussieht.

Anlaufstellen sind der Hausarzt (Ihrer oder der Ihres Kindes), ein Psychologe (der Hausarzt kann qualifizierte Kräfte empfehlen), eine Familienberatungsstelle, aber auch der Seelsorger bzw. Pfarrer Ihrer Gemeinde. Auch der Sozialpsychiatrische Dienst am Gesundheitsamt bietet Beratung und vermittelt bei Bedarf weitere Hilfen.

Akutmaßnahmen Räumen Sie auf jeden Fall all jene Gegenstände aus dem Sicht- und Handlungsfeld Ihres Kindes, die zur Selbsttötung verwendet werden können. Hierzu zählen nicht nur Waffen aller Art, sondern auch Tabletten, Scheren und Rasierklingen.

In akuten Fällen, also wenn Ihr Kind versucht hat, sich zu töten, ist die Einweisung in eine Klinik und eine stationäre Behandlung notwendig. Rufen Sie in diesem Fall den Rettungsdienst über die Notfallnummer 112 an.

An wen können wir uns bei Suizidgefahr wenden?

Wenn sich Ihr Kind Ihnen nicht derart öffnen und anvertrauen möchte, sollte es sich unbedingt an einen Freund oder eine Freundin wenden. Mit ihnen kann es unvoreingenommen und vertrauensvoll reden, sie hören ihm verständnisvoll zu und allein das bringt Ihrem Kind schon eine Erleichterung. Nichts ist schlimmer für einen suizidgefährdeten Menschen als das Gefühl, mit seinen Problemen ganz allein dazustehen.

Ist ein solcher Freund oder eine solche Freundin nicht vorhanden oder besteht die Gefahr, dass diese Person die Selbstmordabsichten noch verstärken könnte (z. B. weil sie ebenfalls depressiv ist), gibt es in ganz Deutschland Hilfezentren und Anlaufstellen.

- Die unter den Rufnummern 0800 1110111 oder 0800 1110222 bundesweit kostenlos erreichbare Telefonseelsorge vermittelt ein geeignetes Beratungs- und Hilfezentrum in Ihrer Nähe. Außerdem sitzen am anderen Ende des Hörers geschulte Mitarbeiter, die ein offenes Ohr haben und kompetente Unterstützung bieten können.

- Menschen, die einen Verwandten oder einen engen Freund durch Suizid verloren haben, finden bei AGUS (Angehörige um Suizid e. V.) unter www.agus-selbsthilfe.de/ eine Selbsthilfegruppe mit regional aktiven Teilgruppen sowie Informationen zu Büchern, Seminaren und Fachtagungen zum Thema.
- Fachleute und Jugendliche unter 25 Jahren stehen bei [U25] (www.u25-freiburg.de) all denjenigen mit Rat und Tat zur Seite, die befürchten, eine Freundin oder ein Freund könnte Selbstmord begehen. Auch kümmern sie sich um all jene, die momentan selbst unter Trauer leiden und sich jemandem anvertrauen möchten.
- Der Arbeitskreis Leben e. V. (www.ak-leben.de) bietet Beratungsstellen, die eng mit den örtlichen Krankenhäusern kooperieren, sowie Hilfe für Suizidgefährdete, deren Angehörige sowie Menschen, die bereits einen Suizidversuch unternommen haben.
- Informationen über Selbsthilfegruppen erhalten Sie über die NAKOS (Nationale Kontakt- und Informationsstelle zur Anregung und Unterstützung von Selbsthilfegruppen) unter der Rufnummer 030 8914019.

Auch im Internet gibt es zahlreiche Seiten, die sich mit dem Thema Suizid beschäftigen. Darunter sind viele Angebote, die suizidgefährdeten Menschen Hilfe anbieten, einen besseren Weg aus ihrer Krise zurück ins Leben zu finden, und Foren, in denen Betroffenen und Angehörigen Trost gespendet wird.

Wie kann ich mein Kind vor Suizid-Foren schützen?

Suizidforen werden von Experten unterschiedlich eingeschätzt. Manche sehen sie als echte Gefährdung für Jugendliche, andere sogar als Chance, da die Nutzer hier anonym und offen über ihre Gefühle und Ängste sprechen können und sich von den anderen Usern verstanden und geachtet fühlen. Dennoch bergen solche Angebote große Gefahren, die Sie zum sofortigen Handeln bewegen sollten.

Haben Sie das Gefühl, Ihr Kind trägt ernsthafte Suizidabsichten in sich, und hegen Sie den Verdacht, es könnte sich in Selbstmordforen bestätigt fühlen, suchen Sie ebenfalls das Gespräch mit ihm. Erklären Sie ihm, dass es durch Einträge in einschlägigen Foren nur noch bedrückter wird und seine Situation nur noch auswegloser erscheint. Ein technisches Sperren solcher Seiten (durch geeignete Software und/oder Hardware in Form sogenannter Wächterkarten) kann bei einer akuten Gefahrensituation ratsam sein; bedenken Sie aber, dass Ihr Kind trotzdem solche Seiten aufrufen kann, etwa in einem Internetcafé. Schalten Sie überdies umgehend professionelle Hilfe ein und wenden Sie sich an einen Jugendpsychologen.

Wie kann ich meinem Kind helfen, mit der Selbstverletzung aufzuhören?

Verharmlosen Sie die Situation Ihres Kindes nicht („Schau mal, der Patrick. Dem geht es doch viel schlechter als dir"), da sich Ihr Kind sonst nicht verstanden fühlt.

Besonnen reagieren Stellen Sie Ihr Kind nicht sofort zur Rede, wenn sich Ihr Verdacht bestätigt und es sich tatsächlich absichtlich selbst verletzt. Denn dann besteht die Gefahr, dass Sie zwar spontan, aber unüberlegt und erregt reagieren, was eine echte Auseinandersetzung mit der Problematik erschwert, wenn nicht gar verhindert. Nehmen Sie sich lieber die Zeit, den Schock erst einmal selbst zu verarbeiten und sich der Situation bewusst zu werden, um dann später ruhig und sachlich mit Ihrem Kind ein Gespräch zu führen.

> Nehmen Sie sich Zeit, den Schock erst einmal selbst zu verarbeiten.

Wenn sich Ihr Kind Ihnen gegenüber nicht öffnen kann oder will, raten Sie ihm dringend, sich einer Person seines Vertrauens anzuvertrauen und mit ihr das Gespräch zu suchen. Dies kann eine Freundin oder ein Freund sein, ein Verwandter, aber auch die Telefonseelsorge oder ein seriöses (!) Internetforum, in dem sich Ihr Kind mit anderen Betroffenen austauschen kann.

Für Ihr Kind da sein Wichtig ist in jedem Fall, dass Sie für Kind da sind und sein Verhalten auf keinen Fall ignorieren. Geben Sie ihm Zeit, wenn es nicht sofort mit Ihnen über das Ritzen sprechen möchte. Zeigen Sie Ihrem Kind, dass Sie für es da sind, ohne es unter Druck zu setzen. Versuchen Sie Ihr Kind, etwa durch gemeinsame Aktivitäten, die ihm Freude bereiten, aus seinem Dunkel zu holen. So können Sie es von seinem Drang nach Selbstverletzung ablenken. Behandeln Sie Ihr Kind aber keinesfalls wie ein Kleinkind. Gehen Sie vielmehr normal mit ihm um und verzichten Sie auf Mitleid oder übertriebene Fürsorge. Nehmen Sie Ihr Kind, sofern es dies zulässt, in den Arm und geben Sie ihm so körperliche Nähe und Wärme.

Ablenkungen Machen Sie Ihrem Kind Vorschläge, wie es sich entspannen und von seinem Vorhaben, sich selbst zu verletzen, ablenken kann, etwa durch ein Entspannungsbad, Musikhören, Lesen oder auch Fernsehen. Empfehlen Sie ihm, ein Tagebuch zu führen, in dem es alles festhält, was ihm durch den Kopf geht und was es bewegt. Das hilft, Gefühle auszudrücken und angestaute Aggression zu verarbeiten. Oder Ihr Kind kann all das malen, für das ihm sonst die Worte fehlen.

Finden Sie gemeinsam mit Ihrem Kind eine Sportart, bei der es seine Aggressionen abbauen kann. Das muss nicht zwangsläufig ein Kampfsport sein; auch Ausdauersport wie Laufen kann hilfreiche Dienste leisten. Interessiert sich Ihr Kind überhaupt nicht für Sport, kann es seiner Wut im Wald freien Lauf lassen, indem es dort laut alles aus sich herausschreit.

Ermutigen Sie Ihr Kind, Gefühle zu zeigen und auch zu weinen, wenn ihm danach ist. Hinterher fühlt es sich viel besser und hat keinen Anlass mehr, sich selbst zu verletzen.

Ist der Anlass der inneren Unruhe eine Person, kann Ihr Kind einen Brief an diese Person verfassen und seine Situation darin schildern. Dieser Brief kann, muss aber nicht, abgeschickt werden. Bereits das Schreiben bewirkt eine innere Reinigung und eine Konfrontation mit der belastenden Problematik.

Empfehlen Sie Ihrem Kind, beim nächsten Drang, sich selbst zu verletzen, den Gegenstand (z. B. die Rasierklinge) nicht gegen sich selbst, sondern gegen etwas anderes zu richten, etwa ein altes Kissen. Reden Sie mit Ihrem Kind über seine Beweggründe, warum es sich selbst verletzt. Besprechen Sie dann auch mögliche Anreize, mit dem Ritzen aufzuhören, und lassen Sie Ihr Kind diese Anreize auf ein Blatt Papier schreiben. Immer wenn es wieder den Drang verspürt, sich wehzutun, soll es diese Liste anschauen und sich fragen, warum es besser ist, es nicht zu tun.

||| Auf einen Blick

- Gehen Sie besonnen vor.
- Versuchen Sie mit Ihrem Kind über seine Beweggründe zu sprechen.
- Machen Sie Vorschläge, wie es sich von seinem Selbstverletzungsdrang ablenken kann.
- Überlegen Sie sich gemeinsam Anreize, um mit der Selbstverletzung aufzuhören.

Therapie Auch eine Therapie ist denkbar. Hier wird versucht, dem Kind alternative Ventile für die Aggression und angestaute Wut anzubieten. Die Maßnahmen reichen vom Beißen in eine Chilischote über eiskaltes Duschen, das Festhalten von Eiswürfeln bis hin zum Barfußlaufen im Schnee. In einem weiteren Schritt werden diese Reize dann ersetzt, beispielsweise durch sportliche Betätigungen.

Bei einer stationären Therapie im Krankenhaus besteht ferner die Möglichkeit, dass eine spezielle, stark reizende Salbe auf die Unterarme des Patienten aufgetragen wird. Auf diese Weise kommt man einem Selbstverletzungsdruck zuvor.

Das Ziel der Therapie ist, dass die jungen Patienten lernen, sich selbst zu mögen und Verantwortung für sich zu übernehmen.

Vorbeugen ist besser als heilen. Präventionsmaßnahmen

Ein 16-jähriges Mädchen wurde von drei Jugendlichen in einem Berliner Park schwer misshandelt. Gemeinsam ziehen sie sie ins Gebüsch, schlagen auf sie ein. Erst wehrt sie sich noch und schreit um Hilfe, dann sagt sie nichts mehr. Die Fäuste der Jungs prasseln auf sie ein, bis sie am Boden liegt. Und dann urinieren die Jugendlichen auf das Mädchen. Nicht alle aber haben mitgeprügelt, denn einer hatte eine andere Aufgabe: Er stand daneben und hat gefilmt.

Die Schule ist ein Nährboden für Konflikte, denn nirgendwo sonst kommen derart viele verschiedene Begabungen, Kulturen und soziale Schichten zusammen wie hier. Einige Schüler tragen familiäre Konflikte oder Konflikte zwischen verschiedenen Kulturen auf dem Schulhof oder im Klassenraum aus. Ein Grund für die Eskalation der Gewalt an deutschen Schulen ist das veränderte Selbstverständnis der Schüler. Um diesem Trend entgegenzutreten, ist ein Dialog zwischen Schülern, Eltern und Lehrern dringend nötig. Doch der gestaltet sich schwierig, denn gerade diejenigen Jugendlichen verlieren in ihrer Peergroup an Respekt, die mit „Paukern" sprechen. Wenn die Gesprächsbereitschaft der jungen Leute fehlt, führen das Aufstellen von neuen Regeln, die Androhung und Ausübung von härteren Strafen sowie Strenge allein zu keinem Erfolg.

Gewalt im Keim ersticken.
Gemeinsam kann es gelingen

Die Reduktion der Gewaltbereitschaft innerhalb und außerhalb der Schulmauern kann nur in einer kommunikativen und partnerschaftlichen Kooperation zwischen Elternhaus, Schülern und Schule gelingen. Eltern, Schüler und Lehrer müssen sich zu einem runden Tisch zusammenfinden, denn nur so kann Überzeugungsarbeit geleistet werden; die Schüler müssen erkennen und persönlich erfahren, dass sie mit Bildung eine größere Zukunftsperspektive haben als ohne. Sie müssen die Schule als ihren Lebensraum anerkennen lernen, der ihnen neben jener Bildung Rückhalt und Unterstützung anbietet und ihre Anliegen und ihre Probleme ernst nimmt. In Gesprächen miteinander oder speziellen Veranstaltungen erschließt sich ihnen der Sinn von Normen, Werten und Grenzen.

Schulische Angebote Zu den Angeboten der Schule können sportliche Wettkämpfe sowie Rap-AGs oder ähnliche Arbeitsgemeinschaften zählen. Diese können, sofern es das Schulgesetz erlaubt, durchaus von den Schülern organisiert und geleitet werden, um auch lehrerferne Heranwachsende zu einer Teilnahme zu bewegen. Auch Sie als Eltern sollten sich aktiv in die Gestaltung des Lebensraums Schule und die Organisation von zusätzlichen Veranstaltungen einbringen. Große Erfolge hinsichtlich einer besseren Identifikation mit der eigenen Schule haben auch Midnight-Basketball-Turniere gezeigt, die etwa zwischen mehreren Schulen einer Stadt ausgetragen werden können. Solche Angebote müssen sich natürlich zunächst einmal etablieren, bis die Schüler begriffen haben, dass ihre Altersgenossen sie nicht weniger respektieren, wenn sie daran teilnehmen.

> Mit Rap-AG und Midnight-Basketball-Turnier kann man die Jugendlichen locken.

Außerschulische Angebote Attraktive und interessante Angebote im außerschulischen Bereich, die gemeinsam mit anderen Eltern und den Lehrern erarbeitet werden, können die Jugendlichen nachmittags oder abends von der Straße holen. Auf diese Weise lässt sich der Langeweile, einem weiteren Grund für die Entstehung von Gewalt, entgegentreten und die Heranwachsenden können lernen, ihr Leben und ihre Freizeit sinn- und verantwortungsvoll selbst zu gestalten, statt orientierungslos in den Tag zu leben.

Der Leiter einer außerschulischen Veranstaltung sollte einen guten Draht zu den Jugendlichen haben und diese müssen ihn vollständig akzeptieren. Denn während Härte und Strenge an bildungsfernen Jugendlichen abprallen, haben Erwachsene, die von diesen jungen Menschen akzeptiert und respektiert werden, einen großen Einfluss auf deren Einstellung.

Insbesondere Menschen mit einem ähnlichen Schicksal können einen guten Zugang zu den Betroffenen bekommen und ihnen helfen, ihr Leben zu verändern. So können ehemalige Schüler, die einen Ausbildungsplatz erhalten haben, über ihre Erfahrungen bei der Jobsuche berichten und wertvolle Tipps geben, wie man es mit Bildung doch zu etwas bringen kann.

Schule gestalten Gewalt nimmt ab an Orten, an denen sich die Menschen wohl fühlen. Triste Betonwände, hässlich zugeschmiert von Möchtegernkünstlern, fördern das Aggressionspotenzial. Kinder und Jugendliche sollten daher dazu ermuntert werden, die Schule als ihren Lebensraum im Rahmen der gegebenen Möglichkeiten selbst zu gestalten. Dazu gehören etwa die Gestaltung der Klassenzimmer, des Schulhofs und der Flure.

Trotz allem kann und darf Schule Gewalt nicht tolerieren und muss Kriminalität entschieden entgegentreten. Können Konflikte nicht durch Vertrauenslehrer, Mediatoren oder Streitschlichter entschärft werden, müssen Konsequenzen gezielt umgesetzt werden; dies schließt auch juristische Möglichkeiten ein. Ferner müssen auch Sie als Eltern in Ihrer Erziehungspflicht zur Verantwortung gezogen und auf Ihre Fehler aufmerksam gemacht werden.

Präventionsprogramme gegen Gewalt

Frankfurt: Drei betrunkene Mädchen (17 bis 19 Jahre) verletzen 51-jährigen Mann schwer. Sie pöbeln ihn in der U-Bahn an, stoßen ihn an einer Haltestelle aus dem Zug, schlagen ihn nieder und malträtieren seinen Kopf und Oberkörper mit Tritten.

Damit es gar nicht erst zu Gewaltexzessen kommt, bieten verschiedene Einrichtungen und Träger effektive Maßnahmen zur Prävention von jugendlicher Gewalt an. In diesem Abschnitt finden Sie eine Reihe von Programmen und Maßnahmen gegen jedwede Form von Gewalt im schulischen Kontext, die sich allesamt in der Praxis bewährt haben. Sie als Eltern können manche unmittelbar zum Einsatz bringen, für andere benötigen Sie zusätzliche Mitstreiter. Welches Angebot das richtige für die Situation Ihres Kindes ist, hängt von den Schwerpunkten der Initiativen ab.

Einige der Programme werden regional (z. B. im Landkreis) umgesetzt, andere finden unmittelbar an der betroffenen Schule statt. Manche sind kostenpflichtig, andere finanziert im Bedarfsfall das Bundesland. Erkundigen Sie sich zunächst an der Schule Ihres Kindes, welche Maßnahmen dort bereits zur Anwendung kommen. Regen Sie bei Bedarf und Interesse an, dass weitere der nachfolgenden Programme angeboten werden.

Streitschlichter

Gibt es an einer Schule eine Auseinandersetzung zwischen zwei oder mehr Kontrahenten, so helfen die Streitschlichter, eine Lösung zu finden, bei der es keine Verlierer gibt. Bevor irgendwelche Urteile gefällt und Strafen verhängt werden, versuchen die Streitschlichter, einen

Kompromiss herbeizuführen, der von beiden Parteien nicht als Niederlage, sondern als Gewinn verstanden werden soll. Auf diese Weise werden weitergehende Konflikte vermieden, die aus einer gefühlten Niederlage resultieren könnten.

Die Streitschlichter selbst sind Schüler der jeweiligen Schule, die im Rahmen einer AG dazu ausgebildet wurden und einige Trainingsprogramme hierzu absolviert haben. Manchmal genügt es, wenn die Streitenden ein offenes Ohr für ihre Belange finden, und sie vertragen sich nach ein oder zwei Gesprächen mit den Streitschlichtern wieder (je nach Vorfall mit einem Händedruck oder mit einer schriftlichen Vereinbarung). Wird ein solcher Vertrag aufgesetzt, sollte darin das Problem genau beschrieben sowie die besprochene und vereinbarte Lösung dargestellt werden. Die Vereinbarung wird dann sowohl von den Kontrahenten als auch von den Streitschlichtern unterschrieben. In schwierigeren Fällen wird ein erwachsener Mediator herangezogen (siehe auch Programm „Sozialer Trainingsraum").

Oft wird ein Vertrag aufgesetzt, den die beiden Streithähne unterschreiben.

Regeln Die Streitschlichter müssen während ihrer Tätigkeit stets folgende Regeln beachten und dafür sorgen, dass sie auch von den Kontrahenten befolgt werden:

1. Jeder darf aussprechen und wird nicht unterbrochen!
2. Es werden keine Schimpfwörter benutzt!
3. Beleidigungen sind verboten!
4. Streitschlichter sind neutral und ergreifen niemals Partei für jemanden, auch wenn es der eigene Freund ist!
5. Die Inhalte des Gespräches bleiben im Raum; die Streitschlichter dürfen niemandem etwas darüber erzählen!

Mancherorts läuft die Streitschlichtung auch unter dem Begriff Mediation – ein Verfahren, das ursprünglich in den USA zur eigenverantwortlichen Konfliktlösung entwickelt wurde. An vielen Schulen findet die Mediation im Rahmen einer Arbeitsgemeinschaft statt. Hier bildet ein Lehrer interessierte Schüler zu Mediatoren aus, die Streitigkeiten unter den Mitschülern schlichten und auch bei Problemen mit einem Lehrer vermitteln können.

Der Mediator oder Streitschlichter muss darauf achten, dass während des Gesprächs alle Beteiligten (Schüler, Eltern und Lehrer) gleichberechtigt auftreten und fair miteinander umgehen.

Ablauf Die Mediation folgt grundsätzlich folgendem Schema:

1. Einführung in das Verfahren
2. Bestimmung des Konflikts
3. Darstellung des Problems
4. Bearbeitung des Konflikthintergrundes
5. Lösung des Problems
6. Schriftliche Vereinbarung
7. Nachbesprechung

Im ersten Schritt informiert der Mediator die Kontrahenten über den Ablauf des Verfahrens und bespricht Regeln, die von allen Beteiligten während des Gesprächs einzuhalten sind. Anschließend tragen die Betroffenen ihre subjektive Sichtweise des Konflikts vor. Der Mediator hat die Aufgabe, die Beteiligten von dieser individuellen Perspektive zu einem objektiven, gemeinsamen Problemverständnis zu führen.

Während der dritten Phase tragen die Beteiligten ihre Standpunkte und Interessen bezüglich des Konflikts vor und beschreiben das zugrunde liegende Problem. Der Mediator fasst die genannten Aspekte zusammen und stellt Gemeinsamkeiten und Unterschiede heraus. Die Betroffenen können dann Ergänzungen oder Korrekturen vornehmen, wonach das Resultat als gemeinsamer Konflikt akzeptiert wird.

Jetzt beleuchtet der Mediator durch aktives Zuhören den Hintergrund des Konflikts, wobei zwar auch emotionale Reaktionen aufgegriffen werden, die Feststellung der eigentlichen Konfliktursache aber im Mittelpunkt stehen sollte.

Nun können die Beteiligten gemeinsam mit dem Mediator verschiedene Alternativen zur Lösung des Konflikts zusammentragen und diese in Bezug auf ihre Effektivität und Akzeptanz diskutieren. Die Aufgabe des Mediators ist es dabei, jene Lösungen herauszufinden, die keine Partei benachteiligt. Die von allen ausgewählte Lösung wird konkret benannt, um unterschiedliche Interpretationen auszuschließen.

Der Mediator soll eine Lösung finden, die keine Partei benachteiligt.

Diese Lösung und die notwendigen Schritte zu ihrer Erreichung werden im nächsten Schritt schriftlich festgehalten und von allen Beteiligten unterschrieben. Zum Abschluss der Mediation wird ein Termin für eine Nachbesprechung vereinbart, bei der die Wirksamkeit der getroffenen Vereinbarungen überprüft wird.

Durch ihre Tätigkeit vermitteln Streitschlichter den Schülern, wie sie besser miteinander umgehen und Konflikte ohne Gewalt lösen können, und sorgen somit für ein friedliches, konstruktives Miteinander an der Schule.

Sozialer Trainingsraum

Eine Möglichkeit, auf Konflikte und Anzeichen von Gewalt in der Schule zu reagieren, besteht in der Einrichtung von sogenannten Trainingsräumen. Dazu ist ein mehrstufiges Verfahren notwendig, das sich grundlegend auf die Erziehungsziele stützt, die (beispielsweise im Rahmen eines Aufnahmegesprächs) mit Ihnen als Eltern vereinbart wurden. Diese Erziehungsziele werden an alle Schüler verteilt, während die Eltern zusätzlich ein von der Schulleitung unterzeichnetes Schreiben an die Hand bekommen, das sie auf das Trainingsraumkonzept hinweist.

Verstößt ein Schüler nun gegen eine der Regeln, wird er zunächst einmal abgemahnt. Stört er innerhalb einer Woche beim selben Lehrer erneut, wird er in einen von einer Lehrkraft beaufsichtigten Raum geschickt, in dem er sein Verhalten im Unterricht schriftlich reflektiert und Vorschläge entwickelt, wie er sich bessern kann. Fällt der Schüler trotzdem weiterhin unangenehm auf, wird er auf eine „rote Liste" gesetzt. Stört er nach dieser letzten Chance erneut, wird er vom Unterricht ausgeschlossen, bis die Eltern gemeinsam mit dem Kind zu einem pädagogischen Gespräch in der Schule erscheinen.

Coolness-Training

Bei diesem Ansatz werden die Heranwachsenden genau in dem Moment mit Regelverletzungen konfrontiert, in dem sie sie begehen. Er zeigt ihnen Grenzen auf, die ihnen z.B. im Elternhaus nicht gesetzt wurden. Zur Zielgruppe zählen aber nicht nur gewaltbereite und bereits auffällige Jugendliche, sondern auch die potenziellen und tatsächlichen Opfer.

Der Begriff des Coolness-Trainings ist geschützt und beschreibt ausschließlich den Trainingsplan des Instituts für Sozialarbeit und Sozialpädagogik (ISS) in Frankfurt am Main, das auch die Ausbildung und Zertifizierung der Trainer übernimmt.

Ziel des Coolness-Trainings ist die Verbesserung der Handlungs- sowie der Sozialkompetenz von Schülern in Konfliktsituationen. Es liefert Ansätze für ein friedvolles Einmischen und deeskalierende Maßnahmen. Täter werden für ihr Verhalten sensibilisiert, (potenzielle) Opfer in positiven Handlungsweisen gestärkt.

Hierzu macht man den Schülern ihre eigene Rolle als Täter oder Opfer (oder auch als Zuschauer) bewusst und legt vorhandene Strukturen innerhalb einer Gruppe (z.B. der Klasse) offen.

Die Jugendlichen lernen sich zu behaupten und in Konfliktsituationen zu deeskalieren.

Während des Trainings lernen die Teilnehmer beispielsweise Körpersprache zu verstehen, ihre Gefühle wahrzunehmen und auszudrücken, sich selbst zu behaupten und in Konfliktsituationen zu deeskalieren. Außerdem werden sie sich ihrer eigenen Empfindlichkeiten in Bezug auf Beleidigungen und andere Feindseligkeiten und Provokationen bewusst.

Das Trainingsprogramm umfasst unter anderem folgende Aspekte:

- Interaktionspädagogische Übungen
- Kämpfen als pädagogische Disziplin
- Methoden der Streitschlichtung
- Wahrnehmungs- und Ausdrucksübungen
- Schriftliche und mündliche Befragungen
- Konfrontationsübungen bzw. Umgang mit Provokation
- Traum- und Fantasiereisen, Entspannungsübungen
- Erlebnispädagogische Begleitmaßnahmen

Je nach den Rahmenbedingung an der Schule (sollen nur einzelne Klassen, ganze Jahrgangsstufen oder sogar die gesamte Schule am Coolness-Training teilnehmen?) kann das Programm etwa im Rahmen einer Projektwoche an fünf aufeinanderfolgenden Tagen stattfinden (pro Schultag etwa drei bis sechs Schulstunden). Oder es kann als Langzeittraining über ein halbes Schulhalbjahr mit jeweils drei Schulstunden pro Woche eingerichtet werden.

Die konkreten Inhalte hängen ebenfalls von der jeweiligen Situation an der Schule ab und werden zuvor mit den beteiligten Lehrern besprochen.

Denkzeittraining

Diese Maßnahme hat die Stärkung der sozial-kognitiven Fähigkeiten Jugendlicher mit hohem Aggressionspotenzial zum Ziel. Dazu zählen etwa die Kontrolle über das eigene Verhalten, moralisches Urteilsvermögen oder auch die Fähigkeit, sich in andere (ihre möglichen Opfer) hineinzuversetzen und die Konsequenzen des eigenen Handelns abzuschätzen. Insbesondere bei jüngeren Jugendlichen mit erheblicher Deliktbelastung bewirkt das Training nachgewiesenermaßen eine deutliche Reduktion der Rückfallhäufigkeit. Genau genommen ist es keine reine Präventionsmaßnahme, sondern richtet sich an Jugendliche, die bereits auffällig geworden sind. Sie verhindert aber konsequent das weitere Abrutschen dieser jungen Menschen in die Gewaltspirale.

Das Konzept wurde an der Freien Universität Berlin entwickelt und richtet sich an Schüler im Alter von 14 bis 16 Jahren, die durch gewaltbereites Verhalten in Erscheinung getreten sind, sei es an der Schule oder außerhalb. Wichtig ist, dass sie freiwillig an diesem Training teilnehmen.

Zur Teilnahme am Denkzeittraining werden die Jugendlichen von ihren Lehrern bzw. der Schulleitung direkt bei der Denkzeit-Gesellschaft (www.denkzeit.com) vorgeschlagen. Das Training selbst findet vor Ort statt. Dabei arbeitet ein ausgebildeter Pädagoge mit dem Jugendlichen 40 Sitzungen lang zusammen, um dessen sozial-kognitive Kompetenzen und das Übernehmen von Verantwortung für das eigene Handeln zu fördern. Die ersten 24 Sitzungen folgen dabei einem vorgegebenen Trainingsplan. Der Pädagoge und der Jugendliche arbeiten das vorbereitete Material durch.

> **Der Jugendliche bekommt Hausaufgaben, das heißt, er muss das Erarbeitete im Alltag umsetzen.**

Am Anfang jeder Sitzung wird die Übung der letzten wiederholt und im Anschluss bekommt der Jugendliche „Hausaufgaben". Dabei erprobt er das in den Sitzungen Erarbeitete in seinem privaten Umfeld und berichtet in der nächsten Sitzung über seine Erfahrungen. Der Lehrer ist dem Jugendlichen und seiner Situation stets zugewandt und versucht, die Situation aus dessen Perspektive zu verstehen, er fordert aber auch, ist verlässlich und klar abgegrenzt. So kann der Schüler Regeln und Grenzen eindeutig wahrnehmen und den Lehrer sogar als Vorbild anerkennen. Hierzu ist es notwendig, dass dieser seine tatsächlichen Auffassungen zu erkennen gibt, denn so sieht der Jugendliche, dass er zu ethischen Fragen selbst eine reflektierte Einstellung gefunden hat.

Während des Trainings erlebt der Jugendliche immer wieder Erfolge und er kann das Gelernte in seinem Alltag unmittelbar anwenden. So versteht er beispielsweise, dass eine Geste seines Gegenübers, die auf ihn provokant wirkt, nicht zwangsläufig so gemeint sein muss. Außerdem lernt er einzuschätzen, was passieren wird, wenn er sich auf eine Schlägerei einlässt (z. B. Jugendarrest).

Die Teilnehmer entwickeln ihre Fähigkeit zur Realitätsprüfung fort, sodass sie etwa in einer für sie bedrängenden Situation einen Moment lang innehalten und überprüfen, ob sie auf ein tatsächliches Verhalten oder nur auf eigene Mutmaßungen reagieren. Dieses Innehalten und Reflektieren der gegenwärtigen Situation beschreibt die Denkzeit, die dem Konzept seinen Namen gab.

Die einzelnen Sitzungen bauen aufeinander auf. So muss der Jugendliche etwa aus vorgegebenen Situationen mögliche Hindernisse erkennen und diese benennen.

Ein Beispiel:

- Stufe 1: Jan möchte einen Pulli kaufen, der 100 Euro kostet. Er besitzt aber nur 60 Euro.
- Stufe 2: Shirin lässt sich in der Schule leicht ablenken und ist häufig unkonzentriert. Außerdem hat sie früher häufig geschwänzt. Trotzdem hat sie sich dazu entschlossen, dass sie versuchen will, den Schulabschluss zu schaffen.
- Stufe 3: Du stellst dich für dein Mittagessen an und zwei Jungen drängeln sich vor.

Anti-Aggressions-Trainings

In besonders schwierigen Fällen und verfahrenen Situationen kann man konfliktbereite Schüler als letzte Möglichkeit vor der Aushändigung an die Staatsgewalt zu einem Anti-Aggressions-Training anmelden. Eine wichtige Voraussetzung für eine Erfolg versprechende Therapie ist jedoch, dass die Betroffenen aus eigenem Interesse an einer Verbesserung der persönlichen

Dieses Training ist das letzte Hilfsangebot für gewaltbereite Schüler.

Situation daran teilnehmen. Dazu muss ihnen die Ausweglosigkeit ihrer aktuellen Lage bewusst werden und sie müssen erkennen, dass sie sich durch aggressives Verhalten nicht verbessern, sondern eher noch verschlechtern wird. Es muss ihnen klar werden, dass die Teilnahme an einem Anti-Aggressions-Training das letzte Hilfsangebot für sie ist, bevor ihnen nicht mehr geholfen werden kann.

Zur Teilnahme empfehlen sich Jugendliche, die durch eine hohe Gewaltbereitschaft, stark mobbendes Verhalten, mangelnde Selbstkontrolle, ein hohes Aggressionspotenzial und fehlende Kenntnis von konstruktiven Konfliktlösungsmöglichkeiten gefährdet sind, gewalttätig oder kriminell zu werden.

Während des Trainings bauen die Jugendlichen untereinander und zu den Leitern eine Beziehung auf, in der sie ernst genommen werden. In gemeinsamen Gesprächen und Rollenspielen beschreiben sie Situationen, in denen sie selbst Opfer oder Täter waren, und drücken ihre Gefühle in dieser Situation aus, oder sie schildern schwierige Erlebnisse aus ihrer Familie. In speziellen Übungen lernen sie, den anderen zu vertrauen. Sie erleben am eigenen Körper, wie es ist, wehrlos körperlichen und verbalen Attacken ausgeliefert zu sein, indem jeweils ein Teilnehmer mit verbundenen Augen in die Mitte gesetzt und von den anderen beschimpft und bis zu einem gewissen Grad auch körperlich angegangen wird.

Jeweils bis zur nächsten Sitzung nehmen sich die Jugendlichen vor, eine Problemsituation aus ihrem Alltag besser als bislang zu bewältigen. Zu Beginn der folgenden Veranstaltung berichten alle, wie erfolgreich sie damit waren.

Auf diese Weise fördert das Anti-Aggressions-Training
- das Problembewusstsein bezüglich des eigenen Auftretens
- die Anhebung der Schwelle zu aggressiven Tätigkeiten
- die Schulung der Selbstkontrolle in schwierigen Situationen
- das Hineinversetzen in die Gefühle der anderen
- die Erweiterung von Konfliktlösungsstrategien
- die Verbesserung der kommunikativen Kompetenzen

Hinweise über Anti-Aggressions-Trainings in Ihrer Nähe erhalten Sie über Jugendeinrichtungen oder den Sozialpädagogischen Dienst.

Buddy-Projekt

Das Ziel des von der Vodafone-Stiftung geförderten Projekts ist es, Kinder und Jugendliche stark zu machen und eine positive Atmosphäre an den Schulen zu erreichen. Unter dem Motto „Aufeinander achten. Füreinander da sein. Miteinander lernen" übernehmen die Schüler in Projekten und im Unterricht Verantwortung für sich und andere, indem sie sich beispielsweise als Paten für jüngere Mitschüler, als Ansprechpartner bei Problemen oder auch als Streitschlichter einsetzen.

**Aufeinander achten.
Füreinander da sein.
Miteinander lernen.**

Von dem Konzept profitiert die gesamte Schule. Die Heranwachsenden erfahren, dass ihr eigenes Handeln positiv auf sie selbst und andere wirkt. So werden sie dazu befähigt, eigenständig Konflikte zu lösen, was wiederum ihr Selbstwertgefühl verbessert und sie entlastet. Das Lehr- und Lernklima verbessert sich.

Um dies zu erreichen, lernen die Kinder von gleichaltrigen oder von geringfügig älteren Schülern derselben Schule. Paten aus der 8. Klasse beispielsweise helfen den neuen Fünftklässlern durch die Schule, Neuntklässler erklären Siebtklässlern die Mathematik. In diesem Prozess erwerben beide Seiten wichtige Kompetenzen wie Kooperationsfähigkeit, Konfliktfähigkeit oder Perspektivwechsel.

Das Buddy-Konzept besteht also nicht aus theoretischem Lernen, sondern greift Probleme und Fragestellungen aus dem Alltag auf. Die jugendlichen Teilnehmer versuchen gezielt Lösungen zu ihren individuellen, real existierenden Problemen und Konflikten zu finden: Was kann ich tun, damit meine Freundin nicht immer von ihren Mitschülerinnen gemobbt wird? Wie kann ich verhindern, dass Paul und Yannick häufig schwänzen, ohne selber als Streber dazustehen?

Um das Projekt an einer Schule umzusetzen, werden zunächst die damit beauftragten Lehrer zu Coachs ausgebildet. Das Buddy- Konzept ist derzeit Bestandteil des offiziellen Schulprogramms in Berlin, Hessen, Niedersachsen, Nordrhein-Westfalen und Thüringen; in Hamburg wird es zunächst als Pilotprojekt durchgeführt. Insgesamt beteiligen sich mehr als 800 Schulen daran. Das Projekt wird an der Schule in Kooperation mit einem Kultusministerium oder einer regionalen Bildungsbehörde eingeführt.

PiT – Prävention im Team

Das Team, das an einer Schule Gewaltprävention mit den Schülern betreibt und über einen längeren Zeitraum hinweg eng miteinander kooperiert, besteht in diesem Konzept aus

- einem Polizeibeamten
- zwei Lehrkräften und
- einem Mitarbeiter der Jugendhilfe.

In den einzelnen Bundesländern sind Konzepte mit unterschiedlichen Ausprägungen entstanden. Allen ist jedoch gemein, dass das institutsübergreifende Team den Schülern Handlungsoptionen aufzeigen will, die an ihren persönlichen Möglichkeiten orientiert sind und zu einem veränderten Schulklima beitragen. Darüber hinaus sollen die Schüler diese Handlungsalternativen auch außerhalb der Schule anwenden können.

Das Schulteam führt mit Schülern der Sekundarstufe I (im Regelfall der 7. oder 8. Klasse) jeweils ein Jahr lang Trainingsmaßnahmen durch, die nicht den Täter, sondern das potenzielle Opfer von Gewalttaten in den Mittelpunkt rücken. Dabei geht es darum, eine Gewaltsituation möglichst frühzeitig zu erkennen und sich erst gar nicht hineinziehen zu lassen. Ist das nicht zu verhindern, werden verschiedene gewaltfreie Ausstiegsmöglichkeiten

Bei PiT trainieren die potenziellen Opfer Strategien der Gewaltvermeidung.

gelernt. Das Training verbindet somit theoretisches Wissen mit praktischen Übungen; die Teilnehmer halten ihre persönlichen Erfahrungen in einem eigenen Trainingsjournal fest.

Gefördert werden soll durch das PiT-Konzept bei den Jugendlichen:

- Selbstbewusstsein
- Eigenverantwortlichkeit
- Soziale Kompetenz
- Konstruktive Konfliktlösung
- Verhaltensalternativen in Konflikt- und Gewaltsituationen
- Zivilcourage

Aufgabe der Lehrer ist es, die eigene Einstellung zu Konflikten und Gewalt zu reflektieren und Prävention zum Inhalt ihres Unterrichts zu machen. Außerdem müssen sie die Heranwachsenden bei der Entwicklung ihrer Persönlichkeit unterstützend begleiten.

Interkulturelles Lernen

Schüler aus unterschiedlichen Kulturkreisen bringen an der Schule ihre eigenen Erfahrungen ein und setzen sich im Gespräch, in Diskussionen und konfliktreichen Auseinandersetzungen mit ihren Mitschülern darüber auseinander. So erfahren sie die unterschiedlichen Sichtweisen von der Welt, in der sie leben.

Eltern aus anderen Kulturkreisen sollten verstärkt dazu motiviert werden, sich aktiv am Lebensraum Schule zu beteiligen. Dabei darf es auch, aber nicht ausschließlich um Aspekte wie Brauchtum und Folklore – etwa ein Falafelstand beim Schulfest – gehen, sondern vielmehr um alle Aspekte, die das Zusammenleben der verschiedenen Kulturen betreffen. Die Lehrer sind aufgefordert, den interkulturellen Austausch an der Schule voranzutreiben – was voraussetzt, dass sie sich über andere Kulturen und ihre Besonderheiten kundig machen.

> **Der Austausch der Kulturen sollte sich nicht auf den Falafelstand beim Schulfest beschränken.**

Um mit interkulturellen und interreligiösen Konfrontationen an Schulen konstruktiv umgehen zu können, bedarf es neben interkultureller Kompetenzen auch der Fähigkeiten zur Konfliktbearbeitung bei Lehrern und Schülern. Hierzu gibt es eine Reihe von Fortbildungen. Als Ergänzung dazu bietet sich der Aufbau eines Moderatorennetzwerks im Rahmen eines Schulverbunds an, dem mehrere Schulen in einer Region angeschlossen sind und in dem interkulturell und interreligiös erfahrene Lehrer mitwirken, die weitere Kollegen fortbilden könnten.

In dieses Netz sollten nicht nur ausgewiesen kompetente Personen (z. B. mit dem Bildungssystem der Herkunftsländer und der Religion vertraute bilinguale, also zweisprachige, Herkunftssprachenlehrer, Mediatoren und Religionsvertreter), sondern grundsätzlich auch beispielsweise muslimische und jüdische Eltern aktiv und mitverantwortlich eingebunden werden.

Bei akuten Konfliktfällen, wenn etwa ein Mitschüler diskriminiert wird oder eine Mädchengang in der Pause auffällig wird, bietet sich der Einsatz von Streitschlichtern an, die von speziell dafür fortgebildeten Schülern mit unterschiedlichem religiösem und kulturellem Hintergrund gestellt werden sollten.

Ferner sollten die Lehrer die Thematik oder den Konflikt im Unterricht, etwa in Gesellschaftslehre, Religion, Ethik, Islamkundeunterricht, aufgreifen. Ziele dieses interkulturellen Unterrichts sind beispielsweise die

- Entwicklung eines kritischen Umgangs mit Stereotypen
- Akzeptanz für andere Kulturen
- Reflektion der eigenen kulturellen Sozialisation
- Ermöglichung einer offenen Begegnung mit kultureller Vielfalt
- Erfahrung von (kulturellen) Unterschieden als Bereicherung
- Entwicklung von Empathie und Einfühlungsvermögen
- Wahrnehmung von Diskriminierung aus der Perspektive der Minderheit
- Entwicklung von Verhaltensweisen gegen Diskriminierung und Rassismus

Erreicht werden können diese Ziele etwa durch Simulationen oder Rollenspiele zur interkulturellen Sensibilisierung, aber auch Fragebögen zur Selbstbeurteilung.

Jugendrechtshaus

In Jugendrechtshäusern finden Heranwachsende und Eltern eine kostenlose Anlaufstelle, in der sie sich auch völlig anonym beraten lassen können. Darüber hinaus finden die Jugendlichen stets ein offenes Ohr für ihre Probleme. Gemeinsam geht man diesen auf den Grund und bespricht individuelle Lösungsmöglichkeiten.

Das Team besteht aus Pädagogen, aber auch Polizeibeamten und Juristen, die allesamt ehrenamtlich für die Belange der Jugendlichen, ihrer Eltern und ihrer Erzieher da sind. Eine Aufgabe ist dabei, zwischen Jugendlichen und Behörden zu vermitteln und bei Bedarf eine außergerichtliche Einigung bei weniger schlimmen Delikten zu erreichen, um so eine echte Kriminalkarriere zu verhindern.

Hier sind auch Polizeibeamte und Juristen mit von der Partie.

Darüber hinaus sind die Experten im Jugendrechtshaus Ansprechpartner, etwa wenn es um Drogen, Handyschulden oder alle Formen der Gewalt geht. Außerdem unterstützen sie Schulen bei der Aufarbeitung von Konflikten und bei der Organisation von Projekttagen zur Gewaltprävention. Für Eltern und Lehrer bieten die Einrichtungen regelmäßig Informationsveranstaltungen und Podiumsdiskussionen zu allen erdenklichen Themen an, die mit Gewalt zu tun haben. Auch Simulationen von Gerichtsverhandlungen mit echten Richtern und Staatsanwälten gehören dazu.

Dem Bundesverband der Jugendrechtshäuser angeschlossene Einrichtungen gibt es derzeit in Baden-Württemberg, Berlin, Brandenburg, Hamburg, Hessen, Mecklenburg-Vorpommern, Niedersachen, Sachsen und Thüringen. Die Adressen und weitere Informationen in Ihrem Bundesland entnehmen Sie bitte der Internetseite des Bundesverbands: www.jugendrechtshaus.de.

Rote Karte gegen Gewalt

Schimpfwörter sind nicht nur auf dem Pausenhof, sondern zunehmend auch während des Unterrichts an der Tagesordnung. Diese verbale Gewalt kann sehr verletzend und ein erster Schritt zum Mobbing sein.

Bei diesem Modell erhält jeder Lehrer einer Schule einen Satz roter Zettel im Format zwischen DIN A5 und DIN A6, die er stets mit sich führt. Registriert der Lehrer nun z. B. während der Pausenaufsicht, dass eine Schülerin verbal gewalttätig wird, ruft er sie sofort zu sich und notiert auf der Roten Karte ihren Namen, die Klasse und den Klassenlehrer. Am folgenden Montag muss diese Karte von den Eltern unterschrieben zurückgegeben werden. Diese geht als Kopie an den Klassenlehrer, das Original wird in der Schülerakte abgeheftet. Hat ein Schüler im Laufe eines Halbjahres eine oder mehrere Rote Karten erhalten, wird darüber auch bei den Lernstandsgesprächen am Ende des Halbjahres gesprochen.

Ein Schüler, dem die Rote Karte droht, überlegt sich zweimal, ob er ausfällig wird.

Die Resonanz der Schulen, die diese Methode eingeführt haben, ist positiv. Man konnte dort einen Rückgang übler Beschimpfungen auf dem Pausenhof oder in der Klasse verzeichnen.

So kann eine Rote Karte aussehen:

Name: _____

Klasse: _____ Datum: _____

Sehr geehrte Frau _____ ,
sehr geehrter Herr _____ ,

Ihre Tochter / Ihr Sohn _____ hat heute folgende Ausdrücke
benutzt: _____

_____

Ort: _____ Uhrzeit: _____

Da dieses Verhalten Ihren und unseren Ansprüchen und den
erzieherischen Zielsetzungen unserer Schule widerspricht,
erläutern Sie bitte im Folgenden, welche Maßnahmen Sie ein-
leiten, um das Verhalten Ihres Kindes zu ändern.

_____

_____

_____

_____

_____

Datum: _____

Unterschrift: _____

Netzwerk gegen Gewalt

Das Netzwerk gegen Gewalt ist eine Maßnahme zur Gewaltprävention der Hessischen Landesregierung. Das Netzwerk entwickelt selbst Initiativen zur Gewaltprävention für Kinder und Jugendliche und erprobt sie. Ein besonderer Schwerpunkt der Initiative liegt auf der Verzahnung von Schule, Jugendhilfe, Justiz und Polizei. Neben der Maßnahme PiT (Prävention im Team, siehe weiter vorn) hat das Netzwerk auch andere effektive Präventionsmaßnahmen ins Leben gerufen, die durchaus auch in anderen Bundesländern zum Einsatz kommen können. Zu diesen erfolgreichen Beispielen zählen etwa:

> Regen Sie an, dass die ein oder andere Maßnahme auch an der Schule Ihres Kindes durchgeführt wird.

- **Bus-Scouts** Schüler der 8. bis 10. Klassen begleiten vor allem jüngere Schüler auf dem Schulweg, um ihnen eine gewaltfreie Anreise zu ermöglichen. Sie sind geschult und trainiert, in Konfliktsituationen richtig zu reagieren.
- **Ich bin Ich** Beratungslehrkräfte für Suchtprävention und Drogenfragen setzen in Kooperation mit den Grundschulen sowie den 5. und 6. Klassen der weiterführenden Schulen generalpräventive Programme im Schulalltag um.
- **Klassenrat** Der Klassenrat ist die Versammlung aller Mitglieder der Klassengemeinschaft, also auch der Lehrer. Während der wöchentlichen oder vierzehntägigen Sitzung können alle Mitglieder gleichberechtigt ihre Meinung zu den zur Diskussion stehenden Themen einbringen und über das gemeinsame Leben in der Klasse mitbestimmen. Jedes Mitglied kann eigene Themen einbringen.
- **Check, wer fährt!** Bei diesem Angebot vermitteln junge Menschen in einer Unterrichtseinheit von ca. 90 Minuten den Jugendlichen Informationen über die Risiken und Konsequenzen von Fahrten unter Alkohol- und Drogeneinfluss. Da die Teamer ebenfalls jung sind, ergibt sich so ein ungezwungener, offener Austausch.

■ **Cool sein – cool bleiben** Die Prämisse dieses Trainings für Heranwachsende ab der 5. Klasse lautet: Jugendliche, die einen bewussten Zugang zu Situationskonstruktionen, Handlungsabläufen und Risiken bei Provokationen, ungewollten körperlichen Begegnungen (etwa versehentliches Anrempeln) und gewalttätigen Vorfällen haben, stehen weniger in der Gefahr, sich in gewalttätige Auseinandersetzungen verwickeln zu lassen und zu verletzen bzw. selbst Opfer zu werden. Die Schüler trainieren hier Handlungsmuster und lernen, wie sie mit Worten aus einem Konflikt oder einer Gewaltsituation aussteigen können.

Weitere Informationen und aktuelle Präventionsmaßnahmen im Zusammenhang mit dem Netzwerk gegen Gewalt erfahren Sie auf der Internetseite www.netzwerk-gegen-gewalt.de.

Anti-Schulschwänzer-Programm

In enger Zusammenarbeit zwischen Schule, Schulaufsicht, Schulpsychologischem Dienst, Jugendämtern und der Polizei greift dieses Netzwerk sowohl beratend als auch helfend ein, um Schulschwänzerkarrieren schon im Ansatz zu verhindern. Denn wer sich zu lange vor der Schulbank drückt, läuft Gefahr, ins gesellschaftliche Abseits und in eine Abwärtsspirale zu geraten, die häufig in fehlenden Schulabschlüssen, Arbeitslosigkeit oder Kriminalität mündet.

Wer die Schulbank drückt, kann nicht ins kriminelle Milieu abrutschen.

Ziel ist es, Möchtegern- und echten Schulschwänzern frühzeitig eine Hilfestellung zu geben und zu zeigen, dass ihr Verhalten nicht in Ordnung ist. So kann ein Abrutschen der Jugendlichen in ein kriminelles Milieu verhindert werden. Ergänzend werden einschlägige Treffpunkte verstärkt von der Polizei kontrolliert und Schulschwänzer notfalls auch zwangsweise an die Schulen zurückgebracht.

Faustlos

Gewaltpräventionsmaßnahmen müssen möglichst früh in der Entwicklung von Kindern ansetzen. Die Initiative Faustlos tut genau dies und hat zum Ziel, Kinder stark zu machen, ohne dass sie ihre Fäuste gebrauchen müssen.

Faustlos ist ein für Schulen und Kindergärten entwickeltes Programm, das bereits in mehr als 10 000 deutschsprachigen Institutionen zum festen Bestandteil der pädagogischen Arbeit gehört. Die Maßnahme fördert gezielt die Kompetenz, sich in andere einzufühlen sowie die eigenen Gefühle wie Ärger, Wut und Aggression zu kontrollieren. Sie richtet sich an alle Schüler einer Klasse, also an potenzielle Opfer wie Täter gleichermaßen, und trainiert mit ihnen allgemeine soziale Verhaltensfertigkeiten, die sie auch im Alltag anwenden sollen. Die Übungen sind auf das Alter der Teilnehmer abgestimmt. Durchgeführt werden kann das Programm beispielsweise von Lehrern, die zuvor eine eintägige Fortbildung absolviert und sich zum Coach ausbilden haben lassen.

Wie wird der Erfolg dieser Präventionsprogramme überprüft?

Nach der Durchführung einer Maßnahme zur Gewaltprävention sollte man sie evaluieren, sich also überlegen, welches Ziel erreicht werden sollte und ob es tatsächlich erreicht wurde. So haben Sie die Möglichkeit, bei Bedarf über Alternativen nachzudenken bzw. für den nächsten Durchgang eine Feinjustierung vorzunehmen.

Im Rahmen dieser Evaluation stellen Sie sich die Fragen:

- Hat die Maßnahme den gewünschten Effekt bewirkt?
- Hat die Maßnahme Effekte ausgelöst, die nicht beabsichtigt waren?
- Wie kann die Maßnahme verbessert werden, um eine bessere Wirkung zu erzielen?

Setzen Sie sich bei der Planung von Präventionsmaßnahmen Meilensteine. Halten Sie sowohl das Ziel als auch die Meilensteine dorthin schriftlich fest; deren Notwendigkeit muss von allen Beteiligten anerkannt werden. Zusätzlich sollte zu jedem Haupt- oder Teilziel ein konkreter Zeitpunkt besprochen werden, zu dem es erreicht sein soll.

So nicht: Sondern so:

Es wird also nicht das eigentliche Ziel in den Fokus der Aufmerksamkeit gerückt, sondern die Meilensteine, die als Sprungbrett zum Erreichen des Ziels dienen.

Ein Beispiel:

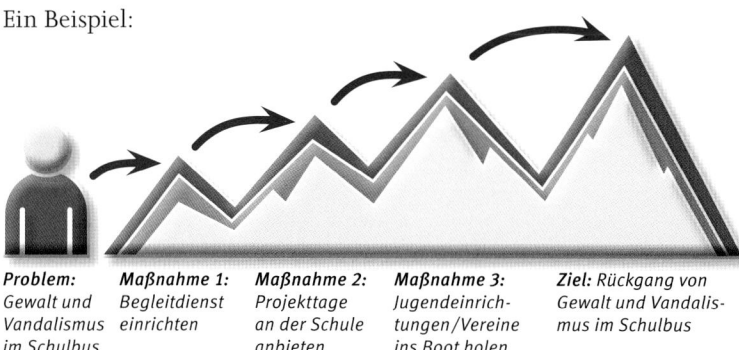

Problem:	**Maßnahme 1:**	**Maßnahme 2:**	**Maßnahme 3:**	**Ziel:** *Rückgang von*
Gewalt und Vandalismus im Schulbus	*Begleitdienst einrichten*	*Projekttage an der Schule anbieten*	*Jugendeinrichtungen/Vereine ins Boot holen*	*Gewalt und Vandalismus im Schulbus*

Nach einem festgelegten Zeitpunkt, zu dem das Ziel erreicht sein sollte, wird ein weiterer Termin mit allen Beteiligten vereinbart, um zu überprüfen, ob das Ziel erreicht wurde, oder bei Bedarf alternative Meilensteine einzufügen, um den Weg dorthin zu erleichtern. Ist das Ziel hingegen erreicht, macht man gemeinsam ein neues Ziel aus und bestimmt die dafür hilfreichen oder notwendigen Meilensteine.

Präventionsprogramme gegen Mobbing

Mädchen erhängt sich im Kleiderschrank.
Auslöser der Tragödie war die Nachricht „Die Welt wäre ein besserer Ort ohne Dich", die ihr ein gewisser „Josh" über MySpace zukommen ließ. Ein Gericht soll jetzt klären, wer das Mädchen in den Freitod getrieben hat.

Mobbing ist eine subtile Form der Gewalt, die häufig unentdeckt bleibt, weil sich Opfer schämen zuzugeben, dass sie gemobbt werden. Für Außenstehende ist diese Aggression zumeist – wenn überhaupt – nur schwer ersichtlich.

In Deutschland ist jeder zehnte Schüler – unabhängig von Alter und Schulform – mindestens einmal in der Woche Opfer oder Täter von Mobbing. Damit sind rund 500 000 Kinder und Jugendliche im Alter von 11 bis 16 Jahren von Mobbing betroffen.

Im Folgenden finden Sie einige praktikable Konzepte, wie man Mobbing an der Schule weitestgehend verhindern und die Schüler dafür sensibilisieren kann.

Anti-Bullying-Intervention

Diese international anerkannte Präventionsmaßnahme wurde in Norwegen unter der Leitung des schwedischen Psychologen Dan Olweus entwickelt. Sie hat die Verbesserung des Klassenklimas zum Ziel, die dadurch erreicht werden soll, dass es klare und transparente Grenzen für nicht akzeptables Verhalten gibt. Regelverletzungen werden konsequent, aber gewaltfrei geahndet.

Um das Aufkeimen von Mobbing an einer Schule weitestgehend unmöglich zu machen, werden die Lehrer bei diesem Programm intensiv fortgebildet. In ihrem Unterricht sollen sie Regeln gegen störendes und aggressives Verhalten besprechen sowie Rollenspiele zum sozialen Problemlösen durchführen.

Das Konzept bezieht alle Beteiligten des Mobbings mit ein, von den Schülern über die Eltern bis hin zu allen Lehrern. Für (mögliche) Opfer werden Selbstsicherheitstrainings angeboten.

Ist es zu einem Vorfall gekommen, muss möglichst früh eingeschritten werden, um die Gewalt im Keim zu ersticken. Zunächst stellt das Opfer das Mobbing aus seiner Sicht schriftlich dar. Dasselbe tut der Täter. Ein Lehrer (z. B. der Vertrauenslehrer) liest beide Versionen möglichst vorbehaltlos und spricht mit beiden Kontrahenten. Über dieses Gespräch wird ein Kurzprotokoll angefertigt, das in Kopie sowohl an die betroffenen Schüler geht als auch an deren Eltern. Diese sollen dann ebenfalls schriftlich zu dem Vorfall Stellung beziehen.

Die Schulen, die dieses Konzept bereits eingeführt haben, berichten von einem deutlichen Rückgang des Mobbings. Auch gewalttätige Auseinandersetzungen und unsoziales Verhalten wie Vandalismus oder Diebstahl sind hier zurückgegangen.

Fairplayer

Dieses Konzept will Jugendliche dazu ermutigen, bei Vorfällen von Mobbing an der Schule wachsam zu sein und nicht wegzuschauen. Die Schüler sollen befähigt werden, einzugreifen, wenn es erforderlich wird, und Schwächere zu stärken. Hierzu werden in verschiedenen Maßnahmen ihre sozialen Kompetenzen gestärkt. Außerdem wird das Verständnis für persönliche Verantwortung gefördert und das Bewusstsein für Gewaltsituationen geschärft. Darüber hinaus wird Toleranz, Integration und Zivilcourage vermittelt. Hierzu werden das Klassenklima verbessert, Empathie bei den Schülern gefördert sowie alternative Handlungsmöglichkeiten und Lösungsansätze im Konfliktfall erarbeitet.

Die Lehrer führen das Programm in zwölf bis 13 Unterrichtsdoppel-
stunden in den Jahrgangsstufen 7, 8 oder 9 durch; zwei Elternabende
gehören ebenfalls dazu. Gemeinsam werden Lösungsansätze für Mob-
bingsituationen und Gruppenregeln für den Umgang miteinander
erarbeitet.

Die Nachhaltigkeit der Maßnahme wird dadurch gewährleistet, dass
die Lehrer nach der einführenden Prävention die Methoden und
Techniken im Unterricht übernehmen und dort dauerhaft anwenden.
Hierzu zählen beispielsweise demokratiepädagogische Elemente und
verschiedene Methoden des sozialen Lernens
wie Rollenspiele und Übungen. Die erarbeiteten
Ergebnisse und Lösungsansätze werden von den
Teilnehmern vorgestellt und umgesetzt, etwa in
einem Kurzfilm. Die Jugendlichen lernen dabei,
dass es eine Reihe von Möglichkeiten gibt, respektvoll und gewaltfrei
mit ihren Mitschülern zu leben, und gestalten diese eigenverantwort-
lich mit.

Die erlernten Techniken kommen im Unterricht dauerhaft zum Einsatz.

Um möglichst viele Jugendliche erreichen zu können, ist das Konzept
auf ihre Kultur und Interessensgebiete zugeschnitten. Dies zeigt sich
nicht nur im zeitgemäßen Logo, sondern auch und vor allem in den
eigens hierfür produzierten Fairplayer-Songs von Botschafter-Bands.
Fairplayer-Schulen verzeichnen einen beachtlichen Rückgang des
Mobbingverhaltens unter den Schülern sowie eine deutliche Zunahme
sozialer Kompetenzen. Darüber hinaus schreiten Jugendliche, die die
Maßnahme durchlaufen haben, häufiger bei Konfliktfällen ein.

Die bundesweite Koordinierung der Initiative geschieht in Zusam-
menarbeit mit der Deutschen Bahn AG, dem Deutschen Forum für
Kriminalprävention (DFK) und der Freien Universität Berlin. Weitere
Informationen erhalten Sie auf der Website www.fairplayer.de.

No Blame Approach

Diese Methode bedeutet wörtlich übersetzt „Ohne-Schuld-Ansatz" und liefert den Schulen ein einfaches Instrument, bei Mobbing zum Wohl und Schutz der Betroffenen zu handeln, mit dem Ziel, dieses nachhaltig zu stoppen. Die Schüler erarbeiten dabei selbstständig Lösungsstrategien, ohne auf Schuldzuweisungen und Bestrafungen zurückzugreifen.

Die Methode besteht aus drei Schritten:
1. Gespräch mit dem Mobbingopfer
2. Gespräch mit der Unterstützungsgruppe
3. Nachgespräch

Das erste Gespräch dient dazu, mit der oder dem Betroffenen in Kontakt zu treten und Vertrauen zu erwecken. Dies kann etwa durch die Mitteilung von Beobachtungen geschehen („Ich habe gesehen, dass du während der Pause häufig allein spielst"). Wichtig ist, dass die Schülerin bzw. der Schüler nicht direkt auf das Mobbing angesprochen und auch nicht hierzu befragt wird.

Der Unterstützungsgruppe im zweiten Schritt gehören Mitschüler an, die bislang nicht im Zusammenhang mit Mobbing in Erscheinung getreten sind (weder als Täter noch als Opfer), aber Potenzial für Erfolg versprechende Lösungsansätze besitzen. Darüber hinaus verpflichtet der Klassenlehrer auch die Täter sowie Mitläufer zu dieser Gruppe, die insgesamt aus sechs bis acht Personen bestehen soll.

Das Nachgespräch findet ein bis zwei Wochen danach statt. Einzeln berichten sowohl das Opfer als auch der Täter sowie die anderen Beteiligten der Unterstützungsgruppe, wie sich die Dinge seit dem ersten Zusammenkommen entwickelt haben.

Kinder stark machen gegen Gewalt.
Was Sie als Eltern tun können

In Berlin geht die Serie von Jugendgewalt weiter. Mehrere Jugendliche verletzten einen 16 Jahre alten Schüler in der Eberhard-Klein-Oberschule im Stadtteil Kreuzberg durch Messerstiche.

Präventionsprogramme an der Schule sind eine gute Sache, um Heranwachsenden Wege zu zeigen, wie sie ohne Gewalt durchs Leben kommen. Noch wichtiger ist jedoch das, was Sie ihnen von klein auf mitgeben. Von Ihrer Erziehung hängt es maßgeblich ab, wie sich Ihr Sohn oder Ihre Tochter entwickeln wird.

Den Grundstein in der frühen Kindheit legen

Im Idealfall sollten Sie Ihr Kind bereits in den ersten Lebensjahren stark gegen Gewalt machen, denn in keiner anderen Phase seines Lebens lernt es so begierig und schnell wie in dieser Zeit. Grundlage dafür ist eine starke emotionale Bindung.

Eine emotionale Bindung herstellen Bereits als Säugling sendet Ihr Kind Signale aus, die Ihnen mitteilen, welche Bedürfnisse es hat. Im Laufe der Entwicklung werden diese Signale komplexer. Wie feinfühlig Sie die Bedürfnisse Ihres Kindes wahrnehmen und wie stark Sie darauf reagieren, bestimmt die Bindungsqualität zwischen Ihnen und Ihrem Kind.

Konflikte lösen lernen In Bezug auf die Fähigkeit, mit Konflikten umzugehen und Beziehungen zu anderen Menschen zu führen und mit ihnen zu interagieren, steckt großes Potenzial in der Beziehung zu Gleichaltrigen. Schon für Kleinkinder ist es wichtig, mit Gleichaltrigen zusammenzukommen. Dabei lernt Ihr Kind Freundschaften zu schließen und erlebt Nähe, aber auch Rivalität und kann so frühzeitig lernen, Konflikte zu lösen. Helfen Sie Ihrem Kind, Freunde zu finden. Denn ein Kind mit starken sozialen Bindungen ist ein starkes Kind, das sich gegen Gewalt selbstbewusst zur Wehr setzen kann.

Stärken und Schwächen Wie Ihr Kind seine eigenen Stärken und Schwächen wahrnimmt und diese in Verbindung setzt mit den Stärken und Schwächen anderer, hängt entscheidend davon ab, wie Sie und das Umfeld Ihres Kindes Gemeinsamkeiten und Unterschiede zwischen sich selbst und anderen sehen. Reflektieren Sie also Ihren eigenen Umgang mit Stärken und Schwächen und stellen Sie sich die Fragen:

- Wie offen gehe ich mit meinen eigenen Stärken und Schwächen um?
- Wie nehme ich die Stärken und Schwächen meines Kindes wahr?
- Sehe ich die Schwächen meines Kindes als Problem, das überwunden werden muss?
- Fördere ich die Stärken meines Kindes?

Mit Gefühlen umgehen Kinder, deren Gefühle von den Eltern akzeptiert werden und denen bei der Bewältigung ihrer Emotionen z. B. durch verständnisvolles Zuhören, Trost oder Zuspruch geholfen wird, können besser mit diesen Gefühlen umgehen. Wichtig ist, dass Sie selbst offen in Bezug auf Ihre Gefühle sind. Denn nur wenn Sie selbst über negative oder positive Emotionen sprechen und diese zeigen können, wird auch Ihr Kind lernen, damit umzugehen, anstatt sie zu unterdrücken und an anderer Stelle ein Ventil dafür zu suchen. Reflektieren Sie daher Ihren Umgang mit Ihren eigenen Gefühlen und stellen Sie sich die Fragen:

- Wie gehe ich mit meinen Emotionen um? Lasse ich sie zu oder versuche ich, sie zu unterdrücken oder zu bagatellisieren?
- Wie reguliere ich meine Gefühle?

- Gibt es für mich in Bezug auf Emotionen Tabus? Was verstecke ich lieber, als dass ich es zeigen möchte?
- Dürfen Mädchen andere oder mehr Gefühle zeigen als Jungen?
- Wie reagiere ich, wenn mein Kind Emotionen zeigt?
- Genauso wichtig ist der richtige Umgang mit den Gefühlen Ihres Kindes.
- Machen Sie sich die Gefühle Ihres Kindes bewusst und entwickeln Sie ein Gespür dafür, wann es erfreut ist und wann traurig.
- Verstehen Sie die Gefühlsäußerungen Ihres Kindes als ein Signal und eine Gelegenheit, ihm nahe zu sein.
- Hören Sie mitfühlend zu und geben Sie Ihrem Kind Zuspruch oder Trost.
- Helfen Sie Ihrem Kind, seine Gefühle in Worte zu fassen.
- Überlegen Sie gemeinsam, wie mit den Emotionen umgegangen werden kann.

Selbstbewusstsein fördern Ganz wichtig ist, dass Sie Ihrem Kind ein gesundes Selbstbewusstsein vermitteln. Zeigen Sie ihm durch Gesten, Worte und Taten, dass es ein ganz besonderer Mensch ist, mit vielen guten Eigenschaften. Betonen Sie seine Stärken. Was kann es besonders gut? Was macht ihm besonders viel Spaß? Stärken und fördern Sie dies z. B. durch die Mitgliedschaft in einem (Sport-)Verein. Auch Jugendgruppen wie die Pfadfinder oder die Messdiener eignen sich, Selbstbewusstsein aufzubauen und ein Gespür für den Umgang mit anderen Menschen zu gewinnen. Selbstbewusste Kinder fühlen sich wertvoll, wichtig und kompetent. Außerdem ist Selbstbewusstsein eine wichtige Voraussetzung für einen effektiven Umgang mit Veränderungen und Konflikten. Selbstbewusste Kinder und Jugendliche haben weniger Schwierigkeiten, auf andere Menschen zuzugehen und Kontakte mit ihnen zu knüpfen. Ist Ihr Kind selbstsicher und ausgeglichen, lässt es sich weniger leicht

> **Selbstbewusste Kinder lassen sich nicht so leicht provozieren.**

provozieren. Damit wird die Wahrscheinlichkeit, Opfer von Gewalt zu werden, bereits um ein großes Maß reduziert, da Ihr Kind dann nicht mit Gegengewalt antworten wird und auf diese Weise verhindert, dass die Angelegenheit eskaliert.

Helfen Sie Ihrem Kind, sich selbst zu organisieren und einen Überblick über seine Stärken und Schwächen zu gewinnen. Bieten Sie ihm daher größtmögliche Freiräume für seine Entwicklung, und schaffen Sie gleichzeitig vielfältige Gelegenheiten, in denen Ihr Kind sozial verantwortlich handeln, also die Konsequenzen seines Handelns für sich und andere reflektieren und auch Verantwortung übernehmen kann. Auf diese Weise kann es ein positives Selbstwertgefühl entwickeln und lernen, sich einzubringen und Entscheidungen für sich und andere zu fällen.

Reflektieren Sie daher Ihren Bezug zum Selbstbewusstsein, und stellen Sie sich folgende Fragen:

- Bin ich selber selbstbewusst?
- Wie wirkt sich mein Selbstbewusstsein auf die Erziehung meines Kindes aus?
- Biete ich meinem Kind genügend Möglichkeiten, damit es ein positives Selbstbewusstsein ausbilden kann?
- Vermittle ich meinem Kind das Gefühl, wertvoll und liebenswert zu sein?
- Gebe ich meinem Kind genügend Gelegenheiten, stolz auf seine Leistungen und Fertigkeiten zu sein?

Bewegung macht stark Bewegung ist nicht nur gut für den Körper, sondern auch für den Geist. Bereits Rousseau wusste im Jahr 1778: „Übe unablässig den Leib, mache ihn kräftig und gesund, um ihn weise und vernünftig zu machen." Kinder, die Sport treiben und sich bewegen, sind ausgeglichener und schon von daher weniger anfällig für Gewalt – sei es als Täter oder als Opfer. Durch Bewegung lernt Ihr

Kind, sich selbst einzuschätzen, seine Stärken und Schwächen auszu-
loten und seine Grenzen auszutesten. Darüber hinaus werden seine
Kooperations- und Kommunikationskompetenzen gestärkt und Aggressionen abgebaut. Außerdem lernt es Fairness, Rücksichtnahme
und versteht den Sinn von Regeln. Grund genug, öfter mal gemeinsame Ausflüge, Wanderungen oder Bewegungsspiele zu machen!

Wie erziehe ich mein Kind zu einem starken, friedliebenden Menschen?

Begleiten Sie den Alltag Ihres Kindes. Ihre Aufgabe als Mutter oder
Vater ist es, den Alltag Ihres Kindes kritisch wahrzunehmen und es zu
begleiten. Erkundigen Sie sich jeden Tag (z. B. während der gemeinsamen Mahlzeit mit der ganzen Familie) nach den Erlebnissen und
Geschehnissen in der Schule, im Verein etc.
Helfen Sie Ihrem Kind beim Lösen von Alltagsproblemen sowie Problemen in der Schule (vermitteln Sie ihm beispielsweise Lernstrate-
gien). Nehmen Sie die Probleme Ihres Kindes ernst und handeln Sie,
wenn sich Schwierigkeiten abzeichnen. Haben Sie stets ein offenes
Ohr für seine Belange, Ängste, Wünsche und Sorgen. Gehen Sie in
jedem Fall darauf ein, wenn Ihr Kind von Gewalttaten erzählt oder
gar verletzt nach Hause kommt.
Zeigen Sie auch Interesse an den außerschulischen Aktivitäten. Ihres
Kindes. Begleiten Sie es zu Sportturnieren oder zu Aufführungen
der Musikschule. Schließen Sie sich anderen Eltern an und gestalten
Sie gemeinsame Nachmittage mit diesen Familien, um Ihrem Kind
einen möglichen Freundeskreis anzubieten. Außerdem gewinnen
Sie dadurch Verbündete, mit denen Sie sich austauschen und (Erzie-
hungs-)Probleme lösen können.
Schenken Sie Ihrem Kind Aufmerksamkeit. Kinder benötigen viel Zeit
und Zuwendung. Je mehr Zeit Sie dafür aufbringen können, desto
erfolgreicher verläuft die emotionale, sprachliche und intellektuelle

Entwicklung des Kindes. Darüber hinaus lernen Sie seine Stärken und Schwächen besser kennen und können diese gezielt fördern bzw. ausgleichen. Richten Sie eine tägliche gemeinsame Zeit etwa im Rahmen einer „aktuellen Stunde" ein, in der das Kind über seine Erlebnisse in der Schule berichtet, aber in der auch die Eltern von ihrem Tag erzählen. Nehmen Sie nach Möglichkeit zumindest eine Mahlzeit am Tag gemeinsam ein.

Loben Sie es. Loben Sie Ihr Kind für erbrachte Leistungen und stellen Sie ihm Aufgaben, an denen es wachsen kann (z. B. mit einem Einkaufszettel in den Supermarkt gehen oder auf die kleine Schwester aufpassen). Fördern Sie auch seine sportlichen oder musischen Fähigkeiten. Kinder brauchen Anerkennung, Erfolgserlebnisse und die Möglichkeit, sich auszutoben. Loben Sie Ihr Kind aber nicht grundlos oder übermäßig für Kleinigkeiten. Auf der anderen Seite üben Sie auch Kritik am Verhalten Ihres Kindes, wenn es einen Anlass dazu gibt.

||| **Extra-Tipp**

Ist Ihr Kind aggressiv und blickt negativ in die Zukunft, müssen Sie ihm die Möglichkeit geben, selbst Erfolge zu erzielen, ihm seine eigene Leistungsfähigkeit immer wieder vor Augen halten und es zu Leistungen zu ermutigen. Dies sollte aber weder durch Druck noch durch allzu plakative Äußerungen („Du bist echt der Beste!") geschehen, sondern das Kind sollte gemäß seinen Interessen dazu motiviert werden. So kann es die Erfahrung machen, dass es selbst etwas dafür tun kann, im Leben Erfolg zu haben.

Stärken Sie sein Selbstvertrauen. Dies erreichen Sie am besten durch Zuneigung und einen liebevollen Umgang in der Familie. Die Gefahr, dass ein Heranwachsender in die „Gewaltspirale" gerät, ist vor allem dann erhöht, wenn er nur geringes Vertrauen in seine eigenen Kräfte hat. Kinder dagegen, die sich selbst akzeptieren, müssen sich nicht mit Gewalt beweisen oder durchsetzen.

Fördern und fordern Sie Ihr Kind. Erkennen Sie seine Stärken: Ist Ihr Kind musikalisch? Dann nichts wie zur Musikschule! Interessiert es sich für Kampfsport? Ruck, zuck beim Judo anmelden! Denken Sie bei allem Engagement aber daran, Ihr Kind nicht zu überfordern. Es braucht einige Nachmittage, um sich mit Freunden auszutoben oder einfach einmal für sich zu sein.

Haben Sie ein Auge auf seinen Medienkonsum. Näheres hierzu finden Sie im Kapitel „Aggression 2.0", Abschnitt „Spielregeln für die Neuen Medien".

Erziehen Sie Ihr Kind ohne Gewalt. Leben Sie in der Familie gewaltfreie Konfliktlösungen vor. Nur so wird Ihr Kind lernen, Konflikte nicht mit Taten, sondern mit Worten (sachlich und ruhig) zu lösen. Auch bei Auseinandersetzungen und im Streit ist ein fairer und respektvoller Umgang miteinander notwendig. Ideale Voraussetzungen hierfür sind Zuneigung und ein liebevoller Umgang in der Familie.

Heranwachsende befinden sich häufig in einer Zwickmühle. Zeigt etwa ein Junge zu wenig Aggressionspotenzial, wird er von seinen Mitschülern oft als Schwächling gehänselt. Zu viel Aggression hingegen sorgt dafür, dass die anderen Kinder Angst vor ihm haben und den Umgang mit ihm meiden. Helfen Sie Ihrem Kind, indem Sie ihm auf den Weg geben, seine Aggression nur mit Worten auszudrücken und nicht zu schlagen. Sprechen Sie mit ihm über die Gründe seiner Wut. Stärken Sie Ihrem Kind den Rücken, damit es Konflikte austragen und lösen lernt. Gehen Sie vehement gegen aggressives Verhalten vor und dulden Sie dieses nicht.

Stellen Sie Regeln auf und stecken Sie Grenzen. Kinder brauchen Regeln und klare Grenzen. Stellen Sie die Regeln gemeinsam mit Ihrem Kind auf, anstatt sie einfach vorauszusetzen, denn nur so erziehen Sie Ihr Kind zu einem mündigen und sozialkompetenten Bürger. Die Regeln sollten transparent und damit nachvollziehbar und auf die Sache beschränkt sein. Besprechen Sie die Regeln mit Ihrem Kind ruhig und sachlich, sodass ihm die Bedeutung und Notwendigkeit der

Einhaltung bewusst wird. Dies schließt ein, dass nur wichtige Regeln aufgestellt werden und das Regelwerk nicht ständig, sondern nur um notwendige Zusätze erweitert wird.

Halten Sie die gemeinsam abgestimmten und beschlossenen Regeln schriftlich fest und hängen Sie sie an einem zentralen Ort in der Wohnung (z. B. in der Küche) auf. Dies gibt Ihrem Kind Orientierung und Stabilität. Es braucht eine vorhersehbare Welt, in der morgen dieselben Regeln gelten wie heute. Halten Sie sich auch selbst an die Regeln.

Helfen Sie Ihrem Kind, Verantwortung zu übernehmen. Halten Sie auch die Konsequenzen schriftlich fest, die ein Nichtbeachten der Regeln nach sich zieht. Schließen Sie einen Vertrag mit dem Kind ab und formulieren Sie Konsequenzen auf beiden Seiten (!) bei Nichteinhaltung einer Position. Damit lernt Ihr Kind, Verantwortung für sein Verhalten zu übernehmen. Wichtig ist dabei, dass die Konsequenzen nicht nur angedroht, sondern auch konsequent eingehalten werden. Der 1921 geborene österreichische Psychotherapeut und Kommunikationswissenschaftler Paul Watzlawick hat herausgefunden, dass Drohungen glaubhaft, das heißt überzeugend sein müssen, um ernst genommen zu werden. Ihr Kind muss also die Androhung der Konsequenz und ihren Grund verstehen können. Oft wird außerdem mit zu hohen, nicht einzuhaltenden Strafen gedroht. Verhängen Sie also nicht gleich fünf Wochen Stubenarrest, wenn Ihr Sohn sich weigert, sein Zimmer aufzuräumen.

Seien Sie Vorbild. Was Sie von Ihrem Kind erwarten, muss von Ihnen auch vorgelebt werden. Sie werden große Schwierigkeiten haben, Ihr Kind zur Ordnung zu erziehen, wenn Sie selbst im kompletten Chaos versinken. Da helfen auch schriftlich festgehaltene Regeln und Konsequenzen nicht. Ein Kind lernt nämlich nicht nur positive Eigenschaften am Modell seiner Eltern, sondern auch negative wie aggressives Verhalten. Gehen Sie als Mutter und Vater aber mit gutem Beispiel voran, ist die Wahrscheinlichkeit

Kinder lernen am Modell. Leben Sie Ihrem Kind ein positives Verhalten vor.

groß, dass Ihr Kind daran lernt und das Verhalten für sich annimmt. Die von dem kanadischen Psychologen Albert Bandura eingeführte Bezeichnung „Lernen am Modell" für einen Lernprozess beschreibt, dass sich ein Kind allein dadurch, dass es das Verhalten anderer Menschen und die daraus resultierenden Konsequenzen aufmerksam beobachtet, neue Verhaltensweisen aneignet oder schon bestehende Verhaltensmuster weitgehend verändert. Die folgende Abbildung verdeutlicht diesen Zusammenhang:

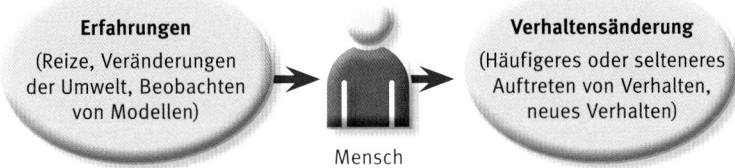

Erfahrungen
(Reize, Veränderungen der Umwelt, Beobachten von Modellen)

Mensch

Verhaltensänderung
(Häufigeres oder selteneres Auftreten von Verhalten, neues Verhalten)

Schließen Sie einen Erziehungsvertrag. Ziehen Sie darüber hinaus in Erwägung, einen gemeinsamen Bildungs- und Erziehungsvertrag mit der Schule Ihres Kindes abzuschließen (dabei sollten der Klassenlehrer, Sie und Ihr Kind anwesend sein); darin können Absprachen schriftlich fixiert werden, sodass alle Beteiligten sie gegenseitig einfordern und einhalten können. Lehrer versichern darin etwa, dass sie ihren Unterricht gewissenhaft, ziel- und schülerorientiert vorbereiten, Arbeitsaufträge deutlich und verständlich formulieren, den Unterricht pünktlich beginnen, ratsuchenden Schülern sowie den Eltern zur Verfügung stehen und sich untereinander absprechen. Als Eltern erklären Sie im Gegenzug z. B., dass Sie die Lehrkräfte in ihrer Bildungs- und Erziehungsarbeit unterstützen, mit ihnen gemeinsam Lösungswege suchen und die in der Schule geltenden Regeln auch zu Hause einhalten werden. Und Ihr Kind verspricht beispielsweise, im Unterricht aufmerksam zu sein und mitzuarbeiten, die aufgestellten Regeln einzuhalten und mit seinen Lehrern offen umzugehen.

Ein solcher Erziehungsvertrag kann auch von der ganzen Klasse unterzeichnet werden. Dann könnte er etwa so aussehen:

Erziehungsvertrag
Ziele und Regeln der Klasse 5c

Wir, die Schüler, Eltern und Lehrer der Klasse 5c haben uns auf folgende Erziehungsziele geeinigt:

1. *Wir wollen höflich sein.*
2. *Wir sind tolerant anderen Menschen gegenüber.*
3. *Wir sind ordentlich.*
4. *Wir gehen ehrlich miteinander um.*
5. *Wir sind gewissenhaft.*

Um diese Ziele zu erreichen, legen wir folgende Regeln des gemeinschaftlichen Handelns fest, die wir alle – Schüler, Eltern und Lehrer – beachten und einhalten werden:

1. *Wir lassen unsere Mitschüler ausreden.*
2. *Wir melden uns und warten, bis wir drangenommen werden.*
3. *Wir führen ein Hausaufgabenheft und erledigen regelmäßig unsere Hausaufgaben.*
4. *Wir hören einander zu.*
5. *Wir essen und trinken nicht im Unterricht.*
6. *Wir lassen das Mobiltelefon im Klassenzimmer ausgeschaltet.*

Bei wiederholtem Verstoß gegen diese Regeln findet ein Beratungsgespräch zwischen den Eltern, dem Schüler und dem Klassenlehrer statt.

Musterstadt, 14.01.2012

Für die Schüler: Für die Eltern: Für die Lehrer:

_____   _____   _____

Vermitteln Sie Ihrem Kind das richtige Verhalten in Gefahrensituationen. Helfen Sie ihm, seine Wahrnehmungs-, Kommunikations- und Konfliktlösungskompetenzen weiterzuentwickeln. Sind diese gut ausgeprägt, kann Ihr Kind frühzeitig eine Gefahrensituation ausmachen und sich rechtzeitig Handlungsalternativen überlegen. Es kann dann eine Situation, die zu eskalieren droht, mit Worten entschärfen, anstatt mit Gegengewalt zu reagieren.

Sprechen Sie mit Ihrem Kind über mögliche gefährliche Situationen und Orte (z. B. eine dunkle Straßenunterführung), damit es diese rechtzeitig erkennt und sie meiden kann. Trainieren Sie mit ihm, sich aufmerksam und selbstbewusst in der Öffentlichkeit zu verhalten. Täter suchen sich generell eher schwächere und unsicher wirkende Personen als Opfer aus. Nähere Informationen hierzu finden Sie im Kapitel „Gewalt und Mobbing. Alltag an unseren Schulen", Abschnitt „So wappne ich mein Kind gegen Gewalt".

Sprechen Sie mit Ihrem Kind über die Folgen von konkreten Straftaten. Hierzu zählen einerseits die rechtlichen Konsequenzen für den Täter (siehe hierzu Kapitel „Jugendlicher Leichtsinn oder schwere Straftat?"). Verdeutlichen Sie Ihrem Kind aber auch, welche Auswirkungen eine Gewalttat oder Mobbing auf das Opfer haben kann. Reden Sie ruhig darüber, dass ein Täter damit sich selbst und seinem Opfer gleichermaßen die Zukunft verbauen kann. Fordern Sie Ihr Kind auf, sich in die Lage des Opfers hineinzudenken, und ermöglichen Sie ihm, Mitgefühl zu entwickeln.

Nehmen Sie bei Bedarf professionelle Hilfe in Anspruch. Sie erhalten Sie bei der Erziehungsberatung oder anderen pädagogischen bzw. psychologischen Diensten in Ihrer Region. Adressen und weitere Kontaktdaten erhalten Sie über das Jugendamt bzw. im Telefonbuch sowie im Anhang dieses Buches.

Halten Sie Kontakt mit der Schule. Suchen Sie das Gespräch mit den Lehrern, um sich über das schulische (Sozial-)Verhalten zu informieren und bei Bedarf rechtzeitig gegensteuern zu können. Der alljährliche Elternsprechtag ist hierfür ein ideales Angebot, da Sie dann alle Lehrkräfte bei einem Besuch sprechen können.

Beteiligen Sie sich an Veranstaltungen und runden Tischen an der Schule und in Ihrer Region, bei denen über Gewaltphänomene und Vorbeugungsmöglichkeiten gesprochen wird. Informationen und Termine erhalten Sie über das Landeskriminalamt Ihres Bundeslandes sowie über die Polizeidienststelle in Ihrer Nähe.

||| **Extra-Tipp: Gründen Sie einen Elternstammtisch!**

Bei einem regelmäßig stattfindenden Elternstammtisch in einem gemütlichen Lokal können Sie die anderen Eltern aus der Klasse Ihres Kindes kennenlernen. Sie schaffen damit eine solide Basis für eine effektive Zusammenarbeit gegen Gewalt.

Dabei müssen nicht unbedingt schulische Themen zur Sprache kommen. Es empfiehlt sich sogar, solche Themen bewusst auszuklammern, um sich ganz entspannt und ungezwungen austauschen zu können. Sie werden bei diesen Veranstaltungen viele wertvolle Informationen über die Klasse und die Mitschüler Ihres Kindes gewinnen, die Ihnen einen differenzierten Blick auf seinen Freundeskreis erlauben.

Regen Sie die Einrichtung eines Elternstammtischs auf dem nächsten Elternabend an. Die organisatorische Verantwortung für diese Treffen kann reihum immer wieder anderen Eltern übertragen werden, damit daraus keine dauerhafte Arbeitsbelastung für einen allein entsteht.

Organisieren Sie gemeinsame Aktivitäten. Darüber hinaus lassen sich für kleinere Kinder Spiel- oder Bastelnachmittage organisieren; dabei können sich die Schüler außerhalb des Unterrichts besser kennenlernen und neue Beziehungen untereinander aufbauen.

Für die etwas älteren Schüler lassen sich sportliche Wettkämpfe ausrichten, die eventuell auch mit anderen Schulen ausgetragen werden. Diese Art der fairen Auseinandersetzung und des gemeinsamen Kräftemessens verstärkt die Identifikation mit der Schule und schweißt die beteiligten Schüler als Team zusammen. Sportliche Herausforderungen, die im Alltag vieler Jugendlicher heute zu kurz kommen, sind oft das einzige Erfahrungsfeld, auf dem sie Erfolg, Selbstbestätigung und Anerkennung erhalten können.

Durch sportliche Aktivitäten werden
- Aggressionen abgebaut
- körperliche Fähigkeiten ausgebaut
- Erfolgserlebnisse erzielt
- Ängste und Unsicherheiten beseitigt
- die Beziehungen von Jugendlichen untereinander verbessert
- die Akzeptanz von und das Verständnis für Regeln erleichtert
- das Selbstbewusstsein gestärkt

Im Sport erfahren die Heranwachsenden ferner, dass der erwünschte Trainingserfolg nur durch ein hohes Maß an Eigendisziplin, Geduld und Selbstüberwindung zu erreichen ist. Sie lernen, ihre Kraft realistisch einzuschätzen und mit ihr umzugehen. In Konfliktsituationen können sie dann angemessener reagieren, ohne andere zu verletzten, weil sie die Selbstbeherrschung verlieren.

Darüber hinaus besteht die Möglichkeit, gemeinsam mit den Kindern Familiengottesdienste zu organisieren und in Zusammenarbeit mit den Geistlichen entweder in der Schule oder in der Kirche zu feiern und auf diese Weise dem Werteverlust unserer Gesellschaft entgegenzuwirken.

||| **Checkliste: Wie Sie als Eltern Gewalt vorbeugen können**
Fragen an die Erziehung
- Vertraue ich meinem Kind altersgemäße Aufgaben an, durch die es verantwortliches Handeln lernen kann?
- Sehe ich kleine wie große Leistungen meines Kindes und zeige ich dies durch Lob?

▶

- Setze ich Grenzen, überlasse dem Kind aber auch ausreichend Freiraum, um es zur Selbstständigkeit zu erziehen?
- Bin ich ein gutes Vorbild für mein Kind? Löse ich selbst Konflikte gewaltfrei?
- Benutze ich selbst eine aggressive Sprechweise (Kraftausdrücke, lautes Beschimpfen etc.)?
- Bin ich ein guter Ansprechpartner und Zuhörer für die Ängste, Sorgen und Probleme meines Kindes?
- Kenne ich den Umgang meines Kindes und das Elternhaus seiner Freunde?

Folgerungen für die Erziehung

- Überprüfen Sie Ihr eigenes Verhältnis zur Gewalt und zum Medienkonsum.
- Lassen Sie Ihr Kind in seinem Medienkonsum (Fernsehen, Computerspiele) nicht allein.
- Erklären Sie Einschränkungen des Medienkonsums und begründen Sie Verbote.
- Seien Sie ein gutes Vorbild für Ihr Kind, indem Sie selbst Konflikte gewaltfrei lösen.
- Wenn Sie zu einer aggressiven Sprechweise neigen, korrigieren Sie diese.
- Richten Sie regelmäßige Familienkonferenzen ein, in denen Sie mit Ihren Kindern über Regeln, Konflikte und Probleme sowie über Maßnahmen gegen Gewalt innerhalb der Familie, der Schule oder außerhalb sprechen.
- Überlegen Sie sich logische Konsequenzen bei einem Verstoß gegen die Regeln und erläutern Sie diese Ihrem Kind.
- Besprechen Sie selbst erlebte Konfliktfälle aus Ihrem Alltag mit Ihrem Kind und nehmen Sie Anteil an seinen Erfahrungen.
- Nehmen Sie Hinweise auf Gewalt ernst und wenden Sie sich an die Lehrkräfte der Schule.
- Besprechen Sie mit Ihrem Kind Handlungsalternativen für eine Konfliktsituation.

Hilfe, mein Kind neigt zur Gewalt! Was soll ich tun?

Hessisches Kreisjugendamt schickt gewalttätigen 16-Jährigen aus Gießen nach Sibirien. Harte körperliche Arbeit unter extremen Bedingungen soll ihn lehren, seine Aggressivität unter Kontrolle zu bekommen.

Auch wenn Ihr Kind bereits ein hohes Aggressionspotenzial besitzt oder zu Gewalttaten neigt, können Sie ihm durch Ihre Erziehung helfen, aus der Gewaltspirale herauszufinden und so weitere Gewalt verhindern.

Jugendkriminologische Forschungen haben gezeigt, dass die überwiegende Mehrheit der Heranwachsenden im Laufe ihrer Jugend vorübergehend geringfügig gegen strafrechtliche Regeln verstoßen, ohne dass sich daraus längerfristige kriminelle Karrieren entwickeln. Wenn also Ihr Kind eine aggressive Handlung oder eine Straftat begangen hat, bedeutet dies noch lange nicht, dass aus ihm ein lebenslanger Gangster wird.

Dennoch sollten Sie auf jeden Fall das Gespräch mit Ihrem Kind suchen. Die folgenden Gesprächsimpulse zeigen Ihnen einen Weg, wie Sie Kontakt mit ihm aufnehmen können. Selbstverständlich ersetzen sie, vor allem in schwerwiegenden Fällen, keine Therapie, sondern dienen lediglich als erste Orientierung.

Sie eignen sich aber auch dann, wenn Ihr Kind nicht gewalttätig geworden ist, sich aber mental in einer scheinbar ausweglosen Situation befindet oder innerlich vor Wut kocht, beispielsweise, weil es vom Lehrer wieder ungerecht behandelt wurde. Wenn Sie mit Ihrem Kind in ruhiger Atmosphäre darüber sprechen und diskutieren, kann es selbst den bestmöglichen Ausweg aus seiner Lage wählen und hat sich somit – mit Ihrer Unterstützung – selbst geholfen.

Wichtig ist, dass Sie keinesfalls als Kontrolleur oder Besserwisser auftreten, sondern als echte Vertrauensperson. Jugendliche legen außerdem Wert darauf, dass man sie für voll und ihre Situation ernst nimmt. Sagen Sie Ihrem Kind: „Du bist für dich verantwortlich." Hierzu gehört auch, dass Sie sein Scheitern – zumindest bis zu einem gewissen Grad – zulassen.

Gesprächsimpuls 1 Lassen Sie sich von Ihrem Kind fünf Situationen nennen, in denen es wütend war, etwa als es in der Schule Schwierigkeiten mit seiner Lehrerin hatte. Darunter sollten aber auch Situationen sein, in denen Ihr Kind in angemessener Weise mit seiner Wut umgegangen ist.

Gehen Sie nun jedes Beispiel mit Ihrem Kind durch und prüfen Sie gemeinsam,

- was Ihr Kind gefühlt hat
- ob Ihr Kind wusste, worüber es wütend war
- was passiert ist und welche Konsequenzen seine Wut für es selbst und andere hatte.

Gesprächsimpuls 2 Helfen Sie Ihrem Kind, anhand seiner Beispiele zwischen Wut und Gewalt zu unterscheiden. Erklären Sie ihm, dass man zwar manchmal wütend sein kann, damit anders umgehen muss, als gewalttätig zu werden.

Gesprächsimpuls 3 Sprechen Sie mit Ihrem Kind darüber, ob und in welchem Zusammenhang es schon einmal

- die Unwahrheit gesagt hat, weil es einen Freund nicht beim Lehrer verpetzen wollte
- bei einer Sache mitgemacht hat, obwohl es vorher wusste, dass es nicht ausgehen würde
- jemanden kennengelernt hat, der schlimme Dinge gemacht hat, aber den es dennoch verstanden hat

Natürlich sind dies sensible Punkte, die Sie nur dann ansprechen können, wenn zwischen Ihnen ein Vertrauensverhältnis besteht. Fehlt das Vertrauen, wird Ihr Kind sich nicht auf das Gespräch einlassen bzw. nicht wahrheitsgemäß antworten. In diesem Fall ist eine professionelle Beratung bzw. eine Therapie zu empfehlen.

Gesprächsimpuls 4 Erörtern Sie mit Ihrem Kind, wo das Problem bei den folgenden Situationen liegt.

Situation 1:

Erik wird von seinem Schulleiter gefragt, wer aus seiner Klasse Melissa das Portemonnaie gestohlen hat. Erik weiß, dass sein Freund Maik schön öfter etwas hat mitgehen lassen. Wie sollte sich Erik verhalten?

Ihr Kind sollte erkennen können, dass es sich in einer Zwickmühle befindet. Auf der einen Seite steht sein Rechts- bzw. Unrechtsbewusstsein, auf der anderen Seite die Loyalität zu seinem Freund. Diskutieren Sie mit ihm mögliche Lösungen und die jeweiligen Konsequenzen daraus.

Situation 2:

Jeden Mittwoch trifft sich Erkan mit seinen Jungs zum Fußballspielen. Am Samstag ist ein wichtiges Spiel, deswegen müssen sie diese Woche unbedingt noch einmal trainieren. Erkans Freundin fährt am nächsten Tag auf Klassenfahrt und möchte daher lieber mit Erkan allein sein. Wofür sollte sich Erkan entscheiden?

Auch hier sollten beide Lösungsansätze thematisiert und mögliche Konsequenzen angesprochen werden, wenn sich Erkan für das Wohl der Gemeinschaft, also des Fußballklubs entscheidet oder für seine eigenen Interessen.

Bei solchen Zwickmühlen sind beide Lösungsmöglichkeiten, je nach eigener Perspektive und Interessenlage, denkbar und nicht eines davon zwangsläufig verkehrt. Dennoch haben beide Ansätze unterschiedliche Konsequenzen zur Folge, die ebenfalls mitbedacht werden müssen. Außerdem muss eine Entscheidung getroffen werden, die im Vorfeld die erwähnten Konsequenzen gegeneinander abwägt.

Sie können natürlich weitere Situationen mit anderen Dilemmas erfinden, in denen Ihr Kind zwischen zwei Alternativen wählen muss.

Gesprächsimpuls 5 Gehört Ihr Kind zu dem Typ, der Gewalt anwendet, wenn es ihm für sein Ziel notwendig erscheint, treten Sie nicht als Moralapostel auf, sondern zeigen Sie ihm konkrete Konsequenzen seines Verhaltens auf: „Wenn du so weitermachst, stehst du bald vor Gericht".

Gesprächsimpuls 6 Verfolgen Sie in Ihrer Erziehung und Ihrem Handeln eine klare Linie. Halten Sie selbst Regeln ein und führen Sie Konsequenzen aus, wenn Ihr Kind die Regeln nicht einhält. Handeln Sie auch bei relativ kleinen Abweichungen sofort und setzen Sie ein Signal.

Was Sie noch tun können Nehmen Sie sich Zeit für Ihr Kind. Sprechen Sie mit ihm über seine Beweggründe und Motivation für die Tat. Warum ist es dazu gekommen? Warum neigt es zu Aggressionen? Was genau bringt es auf die Palme? Machen Sie ihm klar, was die Gewaltausbrüche für seine Opfer bedeuten. Dabei muss es sich nicht bereits um richtige Straftaten handeln; auch der jähzornige Ausbruch kann verletzen.

Machen Sie auch deutlich, dass die Tat ein Unrecht war, und zeigen Sie die möglichen Konsequenzen auf, die die Aktion nach sich ziehen kann. Hinweise zu den rechtlichen Folgen finden Sie im Abschnitt „Jugendlicher Leichtsinn oder schwere Straftat?".

Um zu verhindern, dass Ihr Kind fremdenfeindliches Gedankengut annimmt, fördern Sie sein Verständnis fremder Kulturen. Erkunden Sie beispielsweise zusammen die muslimische Gemeinde in Ihrer Stadt oder besuchen Sie im Urlaub eine Synagoge. Regen Sie das Gespräch mit ausländischen Mitbürgern an.

Tolerieren Sie keine Form von Gewalt, auch keine Beleidigungen. Denken Sie dabei aber gleichzeitig an Ihre Vorbildfunktion – auch Sie selbst dürfen keine Beschimpfungen oder menschenverachtenden Ausdrücke von sich geben.

Seien Sie da für Ihr Kind, auch wenn es im Verdacht steht, eine Gewalttat ausgeübt zu haben. Bieten Sie ihm Ihre Unterstützung an und

Stehen Sie zu Ihrem Kind, aber fordern Sie Konsequenzen ein.

sichern Sie ihm zu, dass Sie zwar auch selbst Konsequenzen einfordern und die von Gericht oder Jugendamt verhängten akzeptieren werden, aber dennoch immer zu ihm stehen. Ziehen Sie daraus auch Konsequenzen für Ihr eigenes Handeln und Ihren Erziehungsstil und fragen Sie sich, ob Ihrem Kind zu Hause vielleicht etwas fehlt:

- Braucht Ihr Kind mehr Zuwendung, mehr Beachtung?
- Oder fühlt es sich etwa wie in Watte eingehüllt?
- Müssen Sie mehr loslassen?
- Benötigt Ihr Kind mehr Regeln?
- Sind Sie konsequent bei einer Nichteinhaltung abgesprochener Regeln?
- Geben Sie Ihrem Kind die Möglichkeit, selbst Verantwortung zu übernehmen?

Durch Ihr konstruktives Einwirken auf das Fehlverhalten Ihres Kindes helfen Sie ihm nicht nur, wieder von der schiefen Bahn herunterzukommen. Dies kann darüber hinaus auch Einfluss haben auf ein eventuelles Strafverfahren, bis hin zur Einstellung des Verfahrens.

Wird Ihr Kind aufgrund des Verdachts, eine Straftat begangen zu haben, vernommen, haben Sie als Eltern das Recht, bei seiner Vernehmung und den Ermittlungsverfahren anwesend zu sein. Dies gilt auch für eine eventuelle Gerichtsverhandlung. Ob es sinnvoll ist, einen Rechtsanwalt zurate zu ziehen, kann Ihnen in Ihrem speziellen Fall die Jugendgerichtshilfe darlegen.

Ausblick

Kinder und Jugendliche vor Gewalt an der Schule zu schützen heißt, sie stark zu machen. Stark, sich nicht auf Provokationen einzulassen. Stark, Konflikte mit Worten zu entschärfen, anstatt sie mit Taten eskalieren zu lassen.

Starke Kinder haben die Fähigkeit, mit belastenden oder bedrohlichen Situationen erfolgreich umzugehen und sich eigenständig Hilfe zu holen, wenn diese erforderlich erscheint. Sie empfinden schwierige Situationen in ihrem Leben nicht nur als Belastung, sondern begreifen sie als Herausforderung. Sie sind offen für andere Kulturen und Religionen und haben Freude am Entdecken von Gemeinsamkeiten und Unterschieden. Starke Kinder haben gelernt, dass es unterschiedliche Sichtweisen gibt, die teilweise von der jeweiligen Kultur abhängen und nicht sämtlich verstanden werden können. Sie wissen, dass Kinder nicht schuld sind an der familiären Situation, der sie entstammen (z.B. Armut, Verwahrlosung). Sie nehmen Rücksicht auf diese Kinder, zeigen Solidarität und bieten ihre Hilfe an.

Starke Kinder wissen, was wichtig ist in ihrem Leben und worauf sie eher verzichten können. Sie können einschätzen, was sie glücklich macht und was sie verärgert. Sie verfügen über Mitgefühl und Einfühlungsvermögen und wissen, dass es zu jeder Situation mehrere Handlungsalternativen gibt. Sie haben gelernt, Konflikte auszuhalten und auszutragen sowie eventuell mit anderen nach Lösungsmöglichkeiten zu suchen. Starke Kinder stehen zu ihren Stärken und Schwächen und haben gelernt, sich selbst Fehler einzugestehen und diese zuzugeben. Sie verzichten auf eine gewaltsame Auseinandersetzung und regeln Konflikte mit anderen lieber mit Worten.

Sie als Eltern haben es zu einem großen Teil in der Hand, dass Ihre Tochter oder Ihr Sohn diese Stärke entwickelt und zu einem friedliebenden, selbstbewussten und solidarischen Erwachsenen heranwächst. Und das ist gewiss aller Mühe wert.

Anhang

Anlaufstellen für Opfer von Mobbing und Gewalt

Überregionale Hilfsangebote
Notrufnummer der Polizei: Tel. 110

Kinder- und Jugendtelefon: Tel. 0800 1110333
Mo. bis Sa. 14 bis 20 Uhr

Elterntelefon: Tel. 0800 1110550
Mo. bis Fr. 9 bis 11 Uhr, Di. und Do. 17 bis 19 Uhr

Weißer Ring e. V.: Opfertelefon: Tel. 116 006 und 0800 0800343
www.weisser-ring.de
Der Verein zur Unterstützung von Kriminalitätsopfern und zur Verhütung von Straftaten wurde 1976 unter anderem von Fernsehjournalist Eduard Zimmermann gegründet.

Kriminalpolizeiliche Beratungsstellen
Landeskriminalamt Baden-Württemberg
Dezernat 422
Taubenheimstr. 85, 70372 Stuttgart
Tel. 0711 5401–0
E-Mail: dezernat422@lka.bwl.de

Bayerisches Landeskriminalamt
Sachgebiet 513 (Verhaltensorientierte Prävention)
Maillingerstr. 15, 80636 München
Tel. 089 1212–1513
E-Mail: blka@polizei.bayern.de
www.polizei.bayern.de

Der Polizeipräsident in Berlin
Landeskriminalamt LKA 14
12096 Berlin
Tel. 030 699–37999

Landeskriminalamt Brandenburg
Dezernat 12
Tramper Chaussee 1, 16225 Eberswalde
Tel. 03334 388–2340
E-Mail: praevention.lka@polizei.brandenburg.de

Landeskriminalamt Bremen
Kriminalpolizeiliche Beratungsstelle, K 112
Am Wall 196 A, 28195 Bremen
Tel. 0421 362–190 03

Landeskriminalamt Hamburg, LKA 15
Polizeiliche Kriminalprävention
Bruno-Georges-Platz 1, 22297 Hamburg
Tel. 040 4286–71510

Hessisches Landeskriminalamt, HSG 16
Hölderlinstr. 5, 65187 Wiesbaden
Tel. 0611 83–2169
E-Mail: hlka.beratungsstelle@t-online.de

Landeskriminalamt Mecklenburg-Vorpommern
Abt. 6, Dezernat 64 – Prävention
Retgendorfer Str. 2, 19067 Rampe
Tel. 038 666 4694
E-Mail: lkamv.praevention@t-online.de

Landeskriminalamt Niedersachsen
Dezernat 204 – Prävention
Schützenstr. 25, 30161 Hannover
Tel. 0511 109–1503
www.lka.niedersachsen.de

Landeskriminalamt Nordrhein-Westfalen
Dezernat 34
Völklinger Str. 49, 40221 Düsseldorf
Postfach 103452, 40025 Düsseldorf
Tel. 0211 939–6345
E-Mail: vorbeugung@mail.lka.nrw.de

Landeskriminalamt Rheinland-Pfalz
Dezernat 45, Polizeiliche Kriminalprävention
Valenciaplatz 1–7, 55118 Mainz
Tel. 06131 65-0
E-Mail: lka.dez45@polizei.rlp.de

Landeskriminalamt Saarland
Kriminalpolizeiliche Beratungsstelle
Graf-Johann-Str. 25–29, 66121 Saarbrücken
Tel. 0681 962-3490 oder -3491

Landeskriminalamt Sachsen
Abteilung Prävention/Fahndung
Postfach 230122, 01111 Dresden
Tel. 0351 855-2200 bis -2202
E-Mail: lka.sachsen@t-online.de
www.lka.sachsen.de

Landeskriminalamt Sachsen-Anhalt
Abteilung 1 / Dezernate 12 und 13
Postfach 180165, 39028 Magdeburg
Tel. 0391 250-2120 und -2130
www.polizei.sachsen-anhalt.de

Landeskriminalamt Schleswig-Holstein, HSG 130
Mühlenweg 166, 24116 Kiel
Tel. 0431 160-4130
E-Mail: lkash.130@t-online.de
www.polizei.schleswig-holstein.de

Landeskriminalamt Thüringen
Polizeiliche Prävention und Auswertung
Am Schwemmbach 69, 99099 Erfurt
Postfach 101827, 99018 Erfurt
Tel. 0361 341-1330
E-Mail: lka@polizei.thueringen.de

Bundespolizeipräsidium Potsdam
Polizeiliche Kriminalprävention
Heinrich-Mann-Allee 103, 14473 Potsdam
Tel. 0331 97997-0
E-Mail: bpolp.referat.31@polizei.bund.de
www.bundespolizei.de

Anlaufstellen für Opfer sexuellen Missbrauchs

Jugendamt
Adresse siehe Telefonbuch Ihrer Stadt

Erziehungsberatung
Adresse siehe Telefonbuch Ihrer Stadt

Deutscher Kinderschutzbund
www.dksb.de

Kinder- und Jugendtelefon
Tel. 0800 1110333
Mo. bis Sa. 14 bis 20 Uhr

Elterntelefon
Tel. 0800 1110550
Mo. und Mi. 9 bis 11 Uhr, Di. und Do. 17 bis 19 Uhr

Frauennotruf
www.frauen-gegen-gewalt.de

Elternberatung
www.bke-elternberatung.de

Jugendberatung
www.bke-jugendberatung.de

pro familia – Deutsche Gesellschaft für Familienplanung, Sexualpäda-
gogik und Sexualberatung e. V.
www.profamilia.de

Wildwasser – Verbund von Vereinen gegen sexuellen Missbrauch
www.wildwasser.de

Zartbitter Köln e. V.
Kontakt- und Informationsstelle gegen sexuellen Missbrauch an Mädchen und Jungen
Sachsenring 2–4, 50677 Köln
Tel. 0221 312055, www.zartbitter.de

Empfehlenswerte Internetseiten für Kinder und Jugendliche

Die folgende Auflistung möchte Ihnen einen Eindruck verschaffen von Angeboten, die sich für Kinder und Jugendliche eignen (Stand 2011). Da das Internet einem schnellen Wandel unterworfen ist, erfolgen die Angaben unter Vorbehalt und unter Ausschluss jeglicher Haftung. Autor und Verlag übernehmen keine Haftung für die inhaltliche Richtigkeit sowie für die Vollständigkeit der Hinweise.

Kinder- und Jugendportale
www.fragfinn.de
   Sicherer Surfraum für Kinder, in dem sie surfen, chatten und
   spielen können
www.netzcheckers.de
www.pomki.de
www.seitenstark.de

Suchmaschinen für Kinder und Jugendliche

www.blinde-kuh.de
   Die Suchergebnisse werden sortiert und kommentiert ausgegeben.
   Für Kinder bis 12 Jahren geeignet.
www.fragfinn.de
www.helles-koepfchen.de
www.multikids.de

Chaträume für Kinder und Jugendliche

www.cyberzwerge.de
www.diddl.de
   Angebot für Kinder ab 13 Jahren. Sogar eine eigene Homepage
   lässt sich über dieses Internetangebot erstellen.
www.kindercampus.de
www.kindernetz.de
www.seitenstark.de
www.tivi.de
   Das Angebot des Zweiten Deutschen Fernsehens
www.toggo.de
   Chatraum und Plattform für Kinder des Fernsehsenders SuperRTL
www.yamchatter.de – Für Kinder und Jugendliche ab 13 Jahren

E-Mail-Provider für Kinder und Jugendliche

www.mail4kidz.de

Soziale Netzwerke für Kinder und Jugendliche

www.schueler.cc.de
   Soziales Netzwerk, das von Schülern und Studenten gegründet
   wurde
www.schuelercommunity.com – Kostenloses Schülernetzwerk

Beratung und Information

www.geolino.de

www.schulpsychologie.de

Kostenfreie Beratungen für Schüler durch ausgebildete Psychologen

www.internet-beschwerdestelle.de

Auf dieser Plattform des Verbands der deutschen Internetwirtschaft und der Freiwilligen Selbstkontrolle Multimedia-Dienstanbieter können Sie sich über Vorfälle gleich welchen Inhalts oder Ausmaßes, die Ihr Kind oder Sie selbst im Internet erlebt haben, beschweren.

www.juniorbotschafter.de

Hier können sich alle Kinder und Jugendlichen anmelden, die die Organisation UNICEF und die Rechte der Kinder weltweit unterstützen und Juniorbotschafter werden wollen.

www.kidsweb.de

Ideen zum Spielen, Basteln und Mitmachen

www.kinderbuchforum.de

www.kindernetz.de

www.kindersache.de

Mitmachportal für Kinder mit zahlreichen Beteiligungsangeboten wie z. B. Übernahme der Chatmoderation

www.kinderundjugendtelefon.de

Die Anlaufstelle für Kinder, Jugendliche und deren Eltern für alle Belange rund um das Erwachsenwerden. Das Portal bietet auch eine Hilfestellung für (Cyber-)Mobbingopfer.

www.klick-tipps.net

Auf dieser Plattform der Stiftung Medienkompetenz Forum Südwest und der Initiative Jugendschutz.net finden Sie eine Liste geprüfter Links zu verschiedenen Themen, die für Kinder und Jugendliche geeignet sind.

www.physikfuerkids.de

www.wasistwas.de
Kindgerecht aufbereitete Informationen hauptsächlich zu natur-
wissenschaftlichen Themen

Zum Weiterlesen

Addy. Komm mit mir ins Internet. PC für Kids. Lingoli 2005
Adler, Lothar: Amok: Eine Studie. Belleville 2000
Baacke, Kornblum, Lauffer et al: Handbuch Medien: Medienkompe-
tenz. Modelle und Projekte. Bundeszentrale für politische Bildung
1999
Baader, M. S. et al (Hg.): Schüler 2005: Auf der Suche nach Sinn. Fried-
rich 2005
Baumann, Zygmunt: Postmoderne Ethik. Hamburger Edition 1995
Bornträger, Axel: PC & Internet – eine sichere Sache für die ganze
Familie! Microsoft Press 2008
Callies, Frank E.: Viel Spaß mit Internet und E-Mail. Naumann &
Göbel 2001
Eisenberg, Götz: Amok – Kinder der Kälte: Über die Wurzeln von
Wut und Haß. Rowohlt 2000
Grieger, Katja und Schroer, Miriam: GAG – Was ist geiler als Gewalt?
Anti-Aggressions-Trainings für gewaltbereite Jugendliche. Evalua-
tion eines Modellprojekts. Camino 2002
Grossman, Dave & DeGaetano, Gloria: Wer hat unseren Kindern das
Töten beigebracht? Ein Aufruf gegen Gewalt in Fernsehen, Film
und Videospielen. Freies Geistesleben 2002
Hendricks, Renate: „Schule und Elternhaus sind zur gemeinsamen Er-
ziehung verpflichtet", in: Lernende Schule 32/2005. Friedrich 2005
Kohn, Martin: Gemeinsam Erziehen. Klett 2007
Kohn, Martin: Hilfe, mein Kind hängt im Netz! Kösel 2011
Kohn, Martin: Rotes Tuch Schule. Balance 2007

Kohn, Martin: Schulentwicklung 2.0. Beltz 2011

Lempp, Reinhart: Das Kind im Menschen. Über Nebenrealitäten und Regression – oder: Warum wir nie erwachsen werden. Klett-Cotta 2003

Liesching, Marc; Weisser Ring e. V. (Hg.): Surfen? – Mit Sicherheit! München 2002

Machill, Marcel und von Peter, Felicitas (Hg.): Internet-Verantwortung an Schulen. Bertelsmann Stiftung 2001

Schulz von Thun, Friedemann: Miteinander Reden. Rowohlt 2002

Simsa, Christiane et al (Hg.): Konfliktmanagement an Schulen. Deutsches Institut für Internationale Pädagogische Forschung 2001

Sofsky, Wolfgang: Zeiten des Schreckens: Amok, Terror, Krieg. S. Fischer 2002

Standop, Jutta: Werte-Erziehung. Einführung in die wichtigsten Konzepte der Werte-Erziehung. Weinheim 2005

Ulrich, Klaus: „Was die Schule zuhause anrichtet", in: Arbeitsplatz Schule (Jahresheft). Friedrich 1998

Wulf, Christoph et al: Bildung im Ritual. Schule, Familie, Jugend, Medien. VS Verlag 2004

Register